Isabella Huber

ÖSTERREICH

KOCHBUCH

Die leckersten Rezepte der österreichischen Küche
für jeden Geschmack und Anlass

WirmachenDruck.de
Sie sparen, wir drucken!

Email: info@edition-lunerion.de
www.edition-lunerion.de

Psiana eCom UG
Berumer Str. 44
26844 Jemgum

Vorwort

Wer schon einmal in Österreich gegessen hat, der weiß: Die kleine Alpenrepublik punktet mit ganz großem Geschmackskino und zwischen mächtigen Berggipfeln warten einzigartige kulinarische Höhepunkte. Reichhaltiges Schlemmen in allen Facetten hat bei unseren südlichen Nachbarn jahrhundertelange Tradition und wenn Sie mit Tafelspitz, Topfen & Co. nicht bis zum nächsten Urlaub warten wollen, dann holen Sie sich mit diesem Kochbuch original österreichischen Genuss ganz einfach in die heimische Küche.

Kaiserschmarrn, Wiener Schnitzel oder Sachertorte haben mittlerweile Weltruhm erlangt, doch auch abseits der Berühmtheiten der Wiener Küche hat das kleine Land reichhaltige Speisevielfalt im Angebot. Und da herrscht durchaus internationales Flair, denn aus Kaiserreichzeiten stammen jede Menge kulinarische Einflüsse aus Ländern wie Tschechien, Ungarn, Polen oder Dalmatien. Wer eine breite Palette an unterschiedlichsten Geschmäckern genießen will, der kommt an der österreichischen Küche also nicht vorbei, und mit den Rezepten in diesem Buch wird diese im Handumdrehen alltagstauglich. Einfache, günstige und lokale Lebensmittel bilden die unkomplizierte Basis für jede Menge Suppen, Salate, Fleischgerichte, Fischspeisen, Veggie-Spezialitäten und natürlich legendäre Süßspeisen – üppige Auswahl für alle Vorlieben.

Guten Appetit!

INHALT

An Guadn!

Die traditionellsten und meist auch bekanntesten Gerichte Österreichs stammen aus der Wiener Küche. Allerdings gibt es in den verschiedenen Bundesländern Österreichs eine Vielzahl an unterschiedlichen kulinarischen Traditionen. Diese bestehen zum Großteil aus Variationen von Knödeln und Eintöpfen, aber auch Pfannengerichten. Weltweit bekannt ist wohl auch die Mehlspeise „Kaiserschmarrn".

Österreich teilt sich auf in die Regionen Niederösterreich, Wien, Steiermark, Burgenland, Oberösterreich, Kärnten, Tirol, Salzburg und Vorarlberg.

In der internationalen Küche wird selten von der österreichischen Küche geredet, sondern vielmehr die Wiener Küche beleuchtet. Die Wiener Küche ist allerdings geprägt von den früheren Kronländern und ist damit sozusagen eine Vielvölkerküche. Die Einflüsse stammen aus Tschechien, der Slowakei, Ungarn, Polen, Dalmatien, Böhmen und Triest.

Aufgrund der ertragreichen und vielfältigen Natur in Österreich werden einige typische Rezepte aus regionalen Zutaten gezaubert. Der Großteil dieser Rezepte glänzt durch seine einfache Zubereitungsmöglichkeit und die bodenständigen, beinahe überall erhältlichen Lebensmittel wie Kartoffeln, Fleisch und Gemüse. Frische Lebensmittel aus der Region sind in Österreich ein Qualitätsmerkmal. Bio-Produkte findet man hier in Hülle und Fülle. In Österreich mag man es deftig. Und es gibt nicht nur Sachertorte und Wiener Schnitzel!

Es ist nicht unüblich, dass bis zu sechs Mahlzeiten über den Tag verteilt gegessen werden. Diese sind das Frühstück, das Gabelfrühstück, das Mittagessen, die Jause, das Abendessen und das Häppchen als Mitternachtssnack (dies darf auch mal ein Kuchenstück sein).

Lange Zeit wurde in Österreich nicht außerhalb der eigenen vier Wände gegessen. Die Gastronomie erblühte erst richtig in den 80er-Jahren. Hierdurch rückten auch zunehmend die dortigen Köche ins Rampenlicht, wie auch der Koch Johann Lafer aus der Steiermark.

Wer es sowohl bodenständig als auch ausgefallen mag, findet in der österreichischen Küche ein Potpourri an Gerichten. Allgemein gelten österreichische Gerichte als besonders lecker und somit erfreut sich Österreich auch der Bezeichnung als Genussland.

Frühstück

FRÜHSTÜCKSKIPFERL

4 Port. | 12 Std. 30 Min. | Leicht

Zutaten

150 ml kalte Milch
150 ml kaltes Wasser
10 g Hefe
10 g Salz
70 g Zucker
500 g Weizenmehl, Type 700
70 g Butter, zimmerwarm

Nährwerte p. P.

651 kcal
108 g Kohlenhydrate
17 g Fett
14 g Eiweiß

1 Bereiten Sie den Teig einen Tag vorher vor. Alle Zutaten miteinander verkneten und über Nacht und zugedeckt im Kühlschrank ruhen lassen.

2 Am nächsten Tag den Backofen auf Umluft und 220 °C vorheizen.

3 80 g schwere Kugeln portionieren und nochmals kurz ruhen lassen. Anschließend Kipferln formen und mit Wasser bepinseln. 14 Minuten backen.

STEIRISCHES FRÜHSTÜCK

1 Port. 20 Min. Leicht

Zutaten

Eine Handvoll Röhrlsalat (Löwenzahn)
Apfelessig
Kürbiskernöl
Salz
Butter
2 Eier
Muskat
Ein Schuss Sahne
1 Scheibe Kürbiskernbrot
Kürbiskerne
3 Scheiben Rohschinken

Nährwerte p. P.

374 kcal
49 g Kohlenhydrate
12 g Fett
16 g Eiweiß

1 Den Löwenzahnsalat waschen und mit Essig, Kürbiskernöl und Salz anmachen. Butter in einer Pfanne schmelzen und braun werden lassen.

2 Verquirlen Sie das Ei in einer Schüssel und würzen Sie es mit Muskat und Salz. Einen Schuss Sahne unterrühren und verquirlen.

3 Das Ei zur Butter in die Pfanne gießen und stocken lassen. Anschließend zu einer kleinen Tasche falten. Das Innere des Eis darf noch flüssig sein. Eine Scheibe Brot in Butter rösten.

4 Legen Sie das Brot auf einen Teller und platzieren Sie die Eiertasche darauf. Drapieren Sie den Schinken darauf und verteilen Sie den Salat darüber.

5 Kürbiskernöl darüberträufeln und die Kürbiskerne darauf verstreuen.

TIROLER SUPERFOOD-SMOOTHIE

4 Port. | 15 Min. | Leicht

Zutaten

700 ml Alm-Milch
200 g Brombeeren
200 g Heidelbeeren
2 TL geschrotete Leinsamen
2 TL Waldhonig
4 EL Haferflocken

Nährwerte p. P.

411 kcal
45 g Kohlenhydrate
16 g Fett
15 g Eiweiß

1 Geben Sie alle Zutaten in ein Gefäß, das ausreichend hoch ist, um alles zu pürieren. Zerkleinern Sie die Zutaten mithilfe eines Pürierstabs oder nutzen Sie einen Standmixer.

2 Einmal probieren und bei Bedarf nochmals Milch und Honig dazugeben.

3 Verteilen Sie ein paar Eiswürfel auf die Gläser und gießen Sie den Smoothie gleichmäßig in die Gläser.

WIENER GABELFRÜHSTÜCK

Vorab eine kleine Einführung: Das Wiener Gabelfrühstück gehört zur Traditionsgeschichte von Wien. Für die schwer arbeitenden Menschen Wiens war dieses Frühstück in der Vergangenheit eine Notwendigkeit. Es sollte dazu dienen, den kleinen Hunger zwischendurch zu stillen, wie ein zweites Frühstück. Es sollte außerdem helfen, die Zeit zwischen dem Frühstück und dem Mittagessen gut meistern zu können und ausreichend Energie für die Arbeit zu haben. Der Name des Gabelfrühstücks hat seinen Ursprung in der Tatsache, dass dieses Frühstück nur mit einer Gabel gegessen werden kann und so gut geeignet ist, auch unterwegs oder bei der Arbeit gegessen zu werden.

GABELFRÜHSTÜCK-GULASCH

4 Port. | 50 Min. | Leicht

Zutaten

150 g Räucherspeck
750 g Rindslungenbraten
1 EL Butter
200 g Zwiebeln
500 ml Rindsuppe
1 EL Mehl
Salz

Nährwerte p. P.

781 kcal
10 g Kohlenhydrate
41 g Fett
90 g Eiweiß

1 Den Braten in Würfel schneiden. Die geschälten Zwiebeln und den Speck ebenfalls fein würfeln. Butter in einer Pfanne erhitzen und Speck und Zwiebeln darin anschwitzen.

2 Mehl darüberstreuen und anschließend die heiße Rindsuppe zum Ablöschen dazugießen. Mithilfe eines Schneebesens alles gut verrühren und 5 Minuten einkochen lassen.

3 Die Fleischwürfel in die Pfanne geben und den Deckel auflegen. 20 Minuten durchziehen lassen. Mit Salz abschmecken.

GEMÜSEMAYONNAISE

4 Port. 30 Min. Leicht

Zutaten

4 Scheiben Schinken
300 g Mayonnaise
Je 80 g gelbe und orange Möhren
1 hart gekochtes Ei
80 g Erbsen
4 Gurkenscheiben
40 g Essiggurken
1 Blatt Gelatine
40 g Stangensellerie
1 TL Salz und 1 Prise Pfeffer

Safrangelee

1 Msp. Safran
1 Schuss Balsamessig
6 Blatt Gelatine
250 ml Rindsuppe
Kaltes Wasser

Nährwerte p. P.

1337 kcal
10 g Kohlenhydrate
127 g Fett
34 g Eiweiß

1 Beide Möhrensorten schälen und fein würfeln. Den Sellerie ebenfalls in Würfel schneiden. Alles mit den Erbsen zusammen blanchieren. Die Essiggurken auch in kleine Würfel schneiden.

2 Legen Sie alle Gelatineblätter bis auf eines in kaltes Wasser. Das einzelne Blatt legen Sie ebenfalls in kaltes Wasser in eine andere Schüssel. In einem Topf Safran und Rindsuppe zum Kochen bringen, die sechs Blätter Gelatine ausdrücken und dazugeben. Essig unterrühren und auskühlen lassen.

3 Das einzelne Gelatineblatt ausquetschen und in einem Topf warm werden lassen. 1 EL Mayonnaise einrühren und anschließend den Rest der Mayo dazugeben und unterrühren.

4 Das gesamte Gemüse untermengen und mit Pfeffer und Salz würzen.

5 Die Mayonnaise in vier Gläser füllen, den Schinken passgenau zuschneiden und auflegen. Anschließend ein gekochtes Ei in Scheiben schneiden, diese Scheiben auf den Schinken legen und mit Gurken garnieren.

6 Das Safrangelee abschließend auf die Gläser verteilen und über Nacht kaltstellen.

WÜRSTEL MIT SAFT

2 Port. 24 Min. Leicht

Zutaten

2 Paar Wiener Würste
1 EL Paprikapulver, edelsüß
3 Knoblauchzehen
4 Zwiebeln
Je ½ TL Kümmel und Majoran
3 EL Öl
2 Brötchen
250 ml Wasser
½ Rindsuppenwürfel
½ TL Salz
1 EL Tomatenmark
Wasser

Nährwerte p. P.

808 kcal
44 g Kohlenhydrate
54 g Fett
30 g Eiweiß

1 Die geschälte Zwiebel in feine Würfel schneiden. Öl in einer Pfanne erhitzen und die Zwiebelwürfel darin dünsten. Paprikapulver darübergeben, Tomatenmark einrühren und mit Wasser ablöschen.

2 Den Knoblauch pressen und mit allen weiteren Zutaten (bis auf die Würste) in die Pfanne geben. Den Deckel auflegen und 20 Minuten köcheln lassen.

3 Mit einem Pürierstab alles pürieren und nochmals zum Kochen bringen. Die Würste hineinlegen und für 10 Minuten ziehen lassen.

Salate

STEIRISCHER BACKHENDERLSALAT

4 Port. | 1 Std. 40 Min. | Leicht

Zutaten

2 Eier
4 Hühnerschnitzel
1 EL Butterschmalz
Salz, Pfeffer
Semmelbrösel
Mehl
Frischer Blattsalat
4 EL Kürbiskernöl
2 EL Apfel-Balsamicoessig
2 EL Gemüsebrühe
1 Msp. scharfer Senf

Nährwerte p. P.

196 kcal
1 g Kohlenhydrate
7 g Fett
30 g Eiweiß

1 Die Hühnerschnitzel in kleine Stücke schneiden und kräftig salzen. In einer geschlossenen Schüssel für 60 Minuten durchziehen lassen.

2 Den Senf mit der Gemüsebrühe verrühren. Den Essig unterrühren. Pfeffern und salzen und das Kürbiskernöl unterrühren. Den gewaschenen Salat trocken schleudern.

3 In einem tiefen Teller die Eier aufschlagen, einen weiteren Teller mit Semmelbröseln füllen und einen dritten Teller mit Mehl bereitstellen. Die Fleischstücke in Mehl wenden, dann in die Eier tunken und abschließend in den Semmelbröseln wenden.

4 Butterschmalz in einer Pfanne schmelzen lassen. Das Fleisch darin backen. Legen Sie die panierten Stücke anschließend auf ein Küchenpapier.

5 Das Senfdressing zum Salat geben und auf Tellern anrichten. Die Hühnerschnitzel auf dem Salat drapieren.

WILDKRÄUTERSALAT MIT FEIGEN UND TÄUBCHEN

5 Port. 30 Min. Leicht

Zutaten

50 g frischer Löwenzahn
50 g Sauerampfer
Je 50 g Brunnenkresse- und Blätter
250 ml Portwein
500 g Taube
10 Feigen
1 Zimtstange
4 EL Cassislikör
4 EL Olivenöl
1 EL Senf
2 EL Balsamico
Jeweils eine Prise Zucker, Salz und Pfeffer

Nährwerte p. P.

739 kcal
21 g Kohlenhydrate
34 g Fett
60 g Eiweiß

1 Die Kräuter gründlich waschen und abtropfen lassen. Alles miteinander vermengen.

2 Öl in einer Pfanne erhitzen und das Fleisch darin anbraten. Anschließend mit Salz und Pfeffer würzen.

3 In einem Topf den Wein und die Zimtstange aufkochen und auf die Hälfte reduzieren lassen. Den Cassislikör einrühren. Die Feigen aufschneiden und die Soße darübergießen, eine kleine Menge Soße für das Salatdressing zur Seite stellen. Vor dem Servieren nochmals erwärmen.

4 Das Dressing anrühren: Olivenöl mit jeweils einer Prise Salz und Pfeffer, mit Zucker, Senf, Balsamicoessig und der restlichen Cassis-Marinade vermengen und über den Salat geben.

5 Die Taubenbrüste auffächernd auf dem Teller anordnen und die Feigen drapieren.

RETTICHSALAT

4 Port. | 20 Min. | Leicht

Zutaten

1 Rettich, weiß
1 Rettich, rot
1 kleine Salatgurke
2 EL Öl
2 EL Essig
150 g saure Sahne
2 EL Schnittlauchröll-
chen
Pfeffer und Salz

Nährwerte p. P.

119 kcal
7 g Kohlenhydrate
7 g Fett
3 g Eiweiß

1 Den roten Rettich unter Wasser abbürsten, den weißen Rettich schälen. Raspeln Sie die Rettiche und die Gurke ganz fein.

2 Die Sahne mit Essig, Öl, Pfeffer und Salz verrühren und mit den Rettichscheiben und der Gurke vermengen. Bei Bedarf nochmals abschmecken.

3 Den Schnittlauch in feine Röllchen schneiden und über den Salat streuen.

BIERKUTSCHERSALAT

4 Port. | 20 Min. | Leicht

Zutaten

2 Stücke Bergkäse
2 Eier
300 g Stangenbohnen
1 Wiener Wurst
1 Salatgurke
1 Zwiebel
250 g Sauerrahm
1 rote Paprika
1 EL Mayonnaise
2 Bund Schnittlauch
Pfeffer, Salz
Essig und Öl

Nährwerte p. P.

422 kcal
9 g Kohlenhydrate
31 g Fett
23 g Eiweiß

1 Die Eier in heißes Wasser legen und 10 Minuten kochen. Anschließend unter kaltem Wasser abschrecken, pellen und in Viertel schneiden. Die Bohnen in heißem Salzwasser garen.

2 Die Wurst in feine Scheiben schneiden, die geschälte Zwiebel in feine Ringe schneiden. Öl in einer Pfanne erhitzen und die Zwiebeln mit den Würstchen darin anbraten.

3 Schneiden Sie die Paprika in Streifen, die Gurke in Scheiben und den Käse in kleine Würfel und geben Sie dies mit allen anderen Zutaten in eine Schüssel und verrühren Sie es gut miteinander.

DAMEN- UND HERRENSALAT

4 Port. | 20 Min. | Leicht

Zutaten

Damensalat
1 Apfel
500 g Schinken
1 Mandarine
200 g Emmentaler
2 Ananasscheiben
2 EL Naturjoghurt
3 EL Essig
2 EL Mayonnaise

Herrensalat
½ Salatgurke
600 g gekochtes Rindfleisch
jeweils 1 grüne und rote Paprika
1 Apfel
1 Zwiebel
2 EL Ketchup
3 EL Öl
Pfeffer und Salz
6 EL Essig
Schuss Cognac

Nährwerte p. P.

4011 kcal
629 g Kohlenhydrate
92 g Fett
161 g Eiweiß

1 Die Zutaten des Damensalats klein schneiden und anschließend mit Joghurt, Essig und Mayonnaise marinieren. Abgedeckt 3 Stunden in den Kühlschrank stellen.

2 Die Zutaten des Herrensalats fein schneiden, ebenfalls marinieren und abgedeckt 2 Stunden in den Kühlschrank stellen.

OCHSENMAULSALAT

4 Port. | 1 Std. | Leicht

Zutaten

600 g Ochsenmaul, geschnitten
150 g Zwiebel, weiß
6 EL Apfelessig
1 TL Zucker
½ TL Salz
3 TL Senf, scharf
4 EL Wasser
6 EL Sonnenblumenöl
Pfeffer

Nährwerte p. P.

703 kcal
20 g Kohlenhydrate
41 g Fett
61 g Eiweiß

1 Die geschälten Zwiebeln in dünne Ringe schneiden. Kochendes Wasser darüber gießen und 10 Minuten stehen lassen. Das Wasser dann abseihen.

2 Verrühren Sie Pfeffer, Salz, Zucker, Wasser, Senf, Öl und Essig miteinander.

3 Zwiebeln, Ochsenmaul und Marinade vermengen und 30 Minuten durchziehen lassen.

SAUERKRAUTSALAT

1 Port. 10 Min. Leicht

Zutaten

1 Apfel
1 Möhre
250 g rohes Sauerkraut
1 EL Kürbiskerne
Saft einer Zitrone
3 EL Haselnussöl
Salz
1 TL Wacholderbeeren

Nährwerte p. P.

440 kcal
22 g Kohlenhydrate
33 g Fett
7 g Eiweiß

1 Das Sauerkraut schneiden, Möhre und Apfel schälen. Reiben Sie anschließend die Möhre und den Apfel.

2 Öl, Zitronensaft und Salz verrühren. Kürbiskerne hinzugeben und für 30 Minuten ziehen lassen. Einen Schuss Haselnussöl unter-rühren.

3 Alle Zutaten miteinander verrühren.

STEIRISCHER VOGERLSALAT

4 Port. 15 Min. Leicht

Zutaten

4 Kartoffeln
300 g Vogerlsalat (Feldsalat)
1 Knoblauchzehe
Apfelessig
1 EL Senf
Salz
Kürbiskernöl

Nährwerte p. P.

162 kcal
29 g Kohlenhydrate
0 g Fett
6 g Eiweiß

1 Die Kartoffeln weich kochen, anschließend schälen und in Scheiben schneiden. Die Kartoffeln in Salz, Essig und Senf einlegen.

2 Waschen Sie den Salat und entfernen Sie gegebenenfalls noch restliche Wurzelenden.

3 Sobald die Kartoffeln kalt sind, können diese mit dem Salat vermischt werden. Salz, Kürbiskernöl und eine fein gehackte Knoblauchzehe unterrühren.

RÖHRLSALAT (LÖWENZAHNSALAT)

4 Port. 20 Min. Leicht

Zutaten

Apfelessig
5 Kartoffeln
300 g Röhrlsalat (Löwenzahnsalat)
Senf
Kürbiskernöl
Salz
Frische Gänseblümchen

Nährwerte p. P.

211 kcal
37 g Kohlenhydrate
1 g Fett
8 g Eiweiß

1 Die Kartoffeln weich kochen. Die Löwenzahnblätter fein schneiden.

2 Schrecken Sie die Kartoffeln unter kaltem Wasser ab und schälen Sie diese. Die Kartoffeln nun in dünne Scheiben schneiden und in Salz, Senf und Essig einlegen.

3 Den Löwenzahn zu den Kartoffeln geben, Kürbiskernöl und Salz unterrühren. Mit frischen Gänseblümchen garnieren.

Suppen

KNÖDELSUPPE TIROLER ART

4 Port. | 45 Min. | Leicht

Zutaten

250 ml Milch
3 Zwiebeln
300 g Vollkornbrötchen, vom Vortag
1 Bund Petersilie
3 EL Olivenöl
150 g Räuchertofu
1 Ei
100 g Mehl
1 Bund Schnittlauch
1 l Gemüsebrühe
1,5 TL Salz
Pfeffer

Nährwerte p. P.

1167 kcal
145 g Kohlenhydrate
43 g Fett
43 g Eiweiß

1 Die geschälten Zwiebeln fein hacken, Öl in einer Pfanne erhitzen und die Zwiebeln darin dünsten. Den Tofu in Würfel schneiden und in die Pfanne geben.

2 Die Petersilie fein hacken. Die Brötchen würfeln und in der Milch aufweichen, Salz dazugeben. Ei und Mehl hinzufügen und alles gut verkneten. Mit Pfeffer und Salz abschmecken.

3 Tofu, Zwiebeln und die Hälfte der gehackten Petersilie unterrühren.

4 2 Esslöffel Salz in 1 l Wasser geben und zum Kochen bringen. Aus dem Teig acht Knödel formen und anschließend die Knödel ins Wasser legen. Sie sind fertig, wenn sie an der Oberfläche schwimmen.

5 Den Schnittlauch in feine Röllchen schneiden und die Gemüsebrühe in einem Topf erhitzen.

6 Die Knödel in tiefen Tellern anrichten und mit der Gemüsebrühe übergießen. Mit Petersilie und Schnittlauch bestreuen.

LUNGAUER SCHNAPSSUPPE

4 Port. 15 Min. Leicht

Zutaten

1 l Milch
3 Gewürznelken
2 Stamperl (à 4 cl) Vogelbeerschnaps
2–3 EL Zucker
3 Eigelb
1 Msp. Zimt

Nährwerte p. P.

503 kcal
38 g Kohlenhydrate
29 g Fett
20 g Eiweiß

1 Das Eigelb mit vier Esslöffeln Milch verquirlen.

2 In einem Topf Zucker, Zimt, Nelken, die übrige Milch und den Schnaps zusammenrühren und zum Kochen bringen.

3 Den Topf auf die Seite stellen und das Eigelb unterrühren.

SALZBURGER METTENSUPPE

4 Port. | 2 Std. 20 Min. | Mittel

Zutaten

1 Bund Suppengrün
2 Markknochen
250 g Beinfleisch
2 Paar Frankfurter Würste
4 Weißwürste
1 TL Korianderkörner
1 Zwiebel
Pfeffer und Salz
1 Bund Schnittlauch
Feine Suppennudeln
5 l kaltes Wasser

Nährwerte p. P.

1176 kcal
6 g Kohlenhydrate
104 g Fett
51 g Eiweiß

1 Das gewaschene Suppengrün in kleine Würfel schneiden. Die ungeschälte Zwiebel in Hälften schneiden. Die Zwiebelhälften in einen Topf legen. Die Knochen ebenfalls in den Topf geben und rösten.

2 5 Liter kaltes Wasser dazu gießen. Den klein geschnittenen Sellerie und das Fleisch ebenfalls hineinlegen. 2 Stunden köcheln lassen.

3 15 Minuten vor Garende das übrige Suppengemüse und den Zitronensaft in den Topf geben. Salz, Pfeffer und Koriander unterrühren.

4 Nehmen Sie nun das Gemüse, das Fleisch und die Knochen aus der Suppe heraus und lassen Sie sie abkühlen.

5 Das Fett abschöpfen, dann nochmals die Suppe erhitzen und das Gemüse, das Fleisch, die Suppennudeln hineingeben. Die Weißwürste und die Frankfurter klein schneiden. Diese Wurstwürfel ebenfalls in die Suppe geben und alles noch ein wenig ziehen lassen.

6 Den Schnittlauch in feine Röllchen schneiden und die Suppe garnieren.

FRITTATENSUPPE

4 Port. | 15 Min. | Leicht

Zutaten

2 Eier
250 ml Milch
1 l Rinderbrühe
100 g Mehl
Bund Schnittlauch
Schuss Mineralwasser
Öl

Nährwerte p. P.

323 kcal
43 g Kohlenhydrate
11 g Fett
11 g Eiweiß

1 Mineralwasser, Salz, Mehl und Milch verrühren und kurz ruhen lassen. Anschließend die Eier unterschlagen.

2 Ein wenig Öl in einer Pfanne heiß werden lassen. Eine Schöpfkelle Teig hineingießen und durch Schwenken komplett in der Pfanne verteilen. Von beiden Seiten backen.

3 Den übrigen Teig ebenfalls zu Frittaten (Pfannkuchen) verarbeiten.

4 Rindersuppe in einem Topf heiß werden lassen. Die Frittaten auf-rollen und in schmale Streifen schneiden.

5 In einer Schüssel die Frittaten anrichten, die Brühe darüber gießen und mit klein geschnittenem Schnittlauch garnieren.

STOSUPPE AUS NIEDERÖSTERREICH

4 Port. 35 Min. Leicht

Zutaten

1 l Wasser
2 EL Mehl
150 g Sauerrahm
1 EL Kümmel
30 g Schnittlauch
150 g Schwarzbrot
Salz

Nährwerte p. P.

182 kcal
24 g Kohlenhydrate
7 g Fett
5 g Eiweiß

1 Den Kümmel mit Wasser in einem Topf zum Kochen bringen. 15 Minuten köcheln lassen.

2 Mehl und Sauerrahm so verrühren, dass keine Klümpchen entstehen. Anschließend in das heiße Kümmelwasser einrühren und zusammen 3 Minuten kochen lassen. Die Suppe anschließend salzen.

3 Schneiden Sie das Schwarzbrot in Würfel und rösten Sie diese in einer Pfanne. Geben Sie hierfür kein Öl in die Pfanne. Schneiden Sie den Schnittlauch in feine Röllchen.

4 Verteilen Sie die Suppe auf Suppenschüsseln und bestreuen Sie diese mit geschnittenem Schnittlauch und Brotwürfeln.

WIRSINGSUPPE

4 Port. 35 Min. Leicht

Zutaten

4 Möhren
2 Schalotten
20 g Kürbiskerne
1 EL Öl
1 Glas Kürbis (Füllgewicht 670 g)
500 g Wirsing
40 g Schmand
1,2 l Gemüsebrühe

Nährwerte p. P.

141 kcal
6 g Kohlenhydrate
10 g Fett
4 g Eiweiß

1 Die geschälten Schalotten in kleine Würfel schneiden. Die Möhren schälen und in Scheibchen schneiden. Die Wirsingblätter herauslösen und gut waschen. Den Strunk entfernen. Die Blätter zerrupfen, den Kürbis abtropfen lassen.

2 In einem Topf Öl heiß werden lassen und die Schalottenwürfel dünsten. Wirsing und Möhrenscheiben dazugeben und etwas anbraten. Die Brühe zum Ablöschen dazu gießen. Deckel auflegen und 20 Minuten köcheln lassen.

3 Die Kürbiskerne ohne Zugabe von Fett in einer Pfanne rösten und auf die Seite stellen.

4 Etwa eine Viertelstunde später den Kürbis zur Suppe dazugeben und die restlichen fünf Minuten mitkochen lassen. Mit etwas Schmand garnieren.

RITSCHERT (EINTOPF)

6 Port. 1 Tag Schwer

Zutaten

3,5 l Wasser
500 g Selchfleisch
300 g Feuerbohnen
4 Lorbeerblätter
250 g Rollgerste
1 Schuss Milch
1 EL Butter
2 EL Mehl
3 Knoblauchzehen
1 Stck. Suppenwürfel
Pfeffer und Salz
Majoran

Nährwerte p. P.

459 kcal
61 g Kohlenhydrate
5 g Fett
36 g Eiweiß

1 Die Bohnen in einen Topf mit Wasser legen und über Nacht durchweichen lassen. Kochen Sie die Bohnen am darauffolgenden Tag für 60 Minuten.

2 Das Fleisch würfeln und ebenso wie die Rollgerste nach 30 Minuten Kochzeit zu den Bohnen geben.

3 Die Knoblauchzehen pressen und mit den Lorbeerblättern, dem Suppenwürfel und dem Majoran zur Suppe geben. Abschließend salzen und pfeffern.

4 Butter, Mehl und Milch in einem Topf bei niedriger Stufe rösten. Die Masse soll goldgelb werden.

5 Diese Einbrenne zu den Bohnen geben und weiterköcheln lassen. Die Klumpen müssen sich komplett auflösen.

FISCH-JOGHURT-SUPPE

4 Port. | 1 Std. 15 Min. | Leicht

Zutaten

600 g Fischfilets
200 g Joghurt
1 Bund Wurzelwerk/Suppengrün
3 EL Fischfond
1 Knoblauchzehe
2 Zwiebeln
1 Bund Petersilie
Pfeffer und Salz
1 l Wasser
1 Eigelb
2 EL Öl
1 Apfelschnitz
1 EL Paprikapulver, edelsüß
2 rote Paprika

Nährwerte p. P.

301 kcal
11 g Kohlenhydrate
11 g Fett
36 g Eiweiß

1 Den Fisch in Würfel schneiden. Zwiebel, Paprika und Wurzelwerk fein würfeln. Öl in einer Pfanne erhitzen und die Würfel darin anbraten.

2 Paprikapulver einrühren und mit dem Wasser ablöschen. Schneiden Sie den Apfel klein, pressen Sie die Knoblauchzehe und geben Sie beides zur Suppe. Würzen Sie sie anschließend mit Pfeffer und Salz und geben die gehackte Petersilie sowie den Fischfond dazu.

3 30 Minuten köcheln lassen. Den klein geschnittenen Fisch dazugeben und erneut 30 Minuten sieden lassen.

4 Das Eigelb mit dem Joghurt vermengen, zur Suppe dazugeben und alles einmal aufkochen lassen.

Brote

KLETZENBROT

2 Port. 40 Min. Leicht

Zutaten

1 l Wasser
1 kg Kletzen (getrocknete Birnen)
100 g Sauerteig
500 g Roggenmehl
1 TL Zimt
1 TL Salz
250 ml Kochbrühe
250 g Walnüsse
2 EL Schnaps
4 EL Honig
¼ TL Nelke, gemahlen

Nährwerte p. P.

2202 kcal
278 g Kohlenhydrate
89 g Fett
50 g Eiweiß

1 Die Kletzen in Wasser einlegen und über Nacht einweichen. Anschließend die Stiele entfernen und alles fein hacken. Legen Sie die Nüsse in Schnaps ein.

2 Sauerteig, Gewürze, Honig, Mehl und 250 ml Kochbrühe verkneten. Die Nüsse und die Kletzen einarbeiten und zugedeckt an einem warmen Platz aufgehen lassen.

3 Die Hände anfeuchten und Laibe formen. Diese Laibe in Körbe legen und eine Stunde ruhen lassen. Den Backofen bei 250 °C Ober-/Unterhitze vorheizen.

4 Fetten Sie ein Backblech ein und legen Sie die Laibe auf das Backblech. Bepinseln Sie die Brote mit Wasser. 20 Minuten in den Ofen geben und dann die Hitze auf 180 °C herunterdrehen. Erneut eine Stunde backen. Nochmals mit Wasser bepinseln und eine Stunde auskühlen lassen.

SCHWARZBROT AUS TIROL

4 Port. | 3 Std. 20 Min. | Leicht

Zutaten

330 g Roggenvollkornmehl
250 g Sauerteig
500 g Weizenvollkornmehl
18 g Salz
500 ml lauwarmes Wasser
1 mittlere Pellkartoffel, gekocht
1 TL Honig
8 g frische Hefe
1 g Brot-Gewürzmischung

Nährwerte p. P.

933 kcal
193 g Kohlenhydrate
3 g Fett
27 g Eiweiß

1 Die geschälte Kartoffel mit etwas Salz und Wasser pürieren. Alle übrigen Zutaten mit dieser Kartoffelmasse verkneten. Abdecken und gehen lassen.

2 Den Teig in zwei Portionen teilen. Gärkörbe mit Mehl bestreuen und die Teige hineinlegen. Tücher darauflegen und erneut aufgehen lassen.

3 Den Backofen auf Ober-/Unterhitze und 250 °C vorheizen.

4 Die Brote in den Ofen geben und eine Tasse Wasser auf den Boden des Backofens stellen. Nach zwei Minuten die Hitze auf 200 °C reduzieren. 40 Minuten backen.

TIROLER BAUERNBROT

10 Port. | 2 Std. | Leicht

Zutaten

500 g Brotmehl
25 g Brotgewürz
500 g Roggenmehl
2 Pck. Hefe
25 g Salz
25 g Sauerteig
750 ml Wasser, lauwarm

Nährwerte p. P.

284 kcal
38 g Kohlenhydrate
1 g Fett
7 g Eiweiß

1 Jeweils die Hälfte des Roggenmehls und des Brotmehls in einer Schüssel vermengen. Sauerteig, Hefe, Salz und Brotgewürz hin-zugeben. Anschließend das übrige Mehl ebenfalls in die Schüssel geben und alles gut verrühren.

2 Das Wasser dazu gießen und nun mit Geduld zu einem glatten Teig kneten. Sollte es zu sehr kleben, ein wenig Mehl dazugeben.

3 Formen Sie nun zwei Laibe und geben Sie diese in Schüsseln, decken Sie sie ab und lassen Sie den Teig eine Stunde aufgehen.

4 Den Backofen auf Ober-/Unterhitze und 200 °C vorheizen.

5 Beide Teige herausnehmen und nochmals durchkneten. Erneut Laibe formen. Ein Backgitter mit Backpapier belegen und die Brotlaibe daraufsetzen. Den Teig einstechen und nochmals für 20 Minuten ruhen lassen. 60 Minuten backen.

STÖRIBROT MIT ANIS

1 Port. | 3 Std. 55 Min. | Mittel

Zutaten

1 Würfel Hefe
700 g Weizenmehl
400 ml Milch, lauwarm
500 g Roggenmehl, hell
200 ml Wasser
1 TL Salz
120 g Butter, flüssig
1 TL Anis
1 EL Zucker
1 TL Koriander
1 TL Kümmel

Nährwerte p. P.

5252 kcal
855 g Kohlenhydrate
129 g Fett
134 g Eiweiß

1 Roggenmehl und Weizenmehl vermengen und eine kleine Mulde in die Mitte drücken.

2 Hefe in 125 ml Milch zergehen lassen und in die geformte Mulde kippen. Mischen Sie etwas Mehl hinein, sodass ein Vorteig entsteht. Legen Sie ein angefeuchtetes Tuch über die Schüssel und lassen Sie den Vorteig 15 Minuten gehen.

3 Alle übrigen Zutaten dazugeben und gut miteinander verkneten. Erneut ein Tuch darüberlegen und nochmals für 60 Minuten aufgehen lassen.

4 Anschließend den Teig nochmals kräftig durchkneten. Erneut eine halbe Stunde ruhen lassen.

5 Kneten Sie den Teig ein weiteres Mal und formen Sie einen Laib daraus. Ein Backblech mit Mehl bestäuben und den Brotlaib darauflegen. 30 Minuten ruhen lassen.

6 Den Backofen auf Ober-/Unterhitze und 200 °C vorheizen.

7 Das Brot mithilfe eines Messers oben einschneiden und in den Backofen geben. Ein wenig Wasser auf den Boden des Backofens spritzen, den Ofen schließen, die Hitze auf 180 °C reduzieren und die Brote 90 Minuten backen.

STEIRISCHES OSTERBROT

1 Port. | 2 Std. | Mittel

Zutaten

1 kg Mehl
125 ml Weißwein
1 Ei
375 ml Milch, lauwarm
1 Nelke
80 g Zucker
1 Würfel Hefe
140 g Schweineschmalz
1 EL Salz
Rosinen
1 Ei zum Bestreichen

Nährwerte p. P.

5424 kcal
808 g Kohlenhydrate
170 g Fett
121 g Eiweiß

1 Die Nelke mit dem Weißwein langsam erwärmen und durchziehen lassen.

2 Die Hefe in der Milch zergehen lassen und anschließend Eigelb und Zucker einrühren. Das Eiweiß steif schlagen und auf die Seite stellen.

3 Mehl und Salz vermengen und die süße Eiermilch hineinrühren. Den Weißwein durch ein Sieb abseihen und ebenfalls dazugeben. Alles gut verkneten.

4 Das Schweineschmalz ein wenig anwärmen, nach und nach zum Teig dazugeben und gut verkneten. Den Eischnee und die Rosinen unterheben.

5 Den Backofen auf Ober-/Unterhitze und 210 °C vorheizen.

6 Den Teig abdecken und an einen warmen Ort stellen, sodass der Teig sich auf die doppelte Größe ausdehnen kann.

7 Den Teig anschließend nochmals durchkneten und zwei kleine Brotlaibe formen.

8 Ein Backblech einfetten, die Brote darauf platzieren und mit dem Ei einpinseln. Mittig ein Loch eindrücken. Das Brot 35 Minuten backen.

GRÜNE-WELLE-BROT

1 Port. 45 Min. Mittel

Zutaten

300 ml lauwarmes Wasser
500 g Mehl
100 g Kräuterbutter
20 g Hefe
1 TL Zucker
1,5 TL Kräutersalz
5 EL Öl

Nährwerte p. P.

2847 kcal
361 g Kohlenhydrate
126 g Fett
54 g Eiweiß

1 Salz und Mehl miteinander vermengen. Hefe und Zucker im lauwarmen Wasser auflösen. Dieses Gemisch zum Mehl geben und ebenfalls 4-5 EL Öl dazugeben. Alles gut miteinander verkneten.

2 Die Schüssel abdecken und den Teig 30 Minuten an einem warmen Platz aufgehen lassen. Eine Tortenform einfetten.

3 Eine Arbeitsfläche mit Mehl bestäuben und den Teig darauf ½ cm dünn ausrollen. Mit einem Glas Kreise ausstechen.

4 Die Teigkreise mit Kräuterbutter bestreichen. Die Kreise zusammenklappen und an den Enden zusammendrücken.

5 Die Teigmuscheln im Kreis legen und die Form damit komplett ausfüllen. Erneut abdecken und erneut eine Viertelstunde gehen lassen.

6 Den Backofen auf Ober-/Unterhitze und 200 °C vorheizen. Das Brot 20 Minuten backen.

TOPFBROT

1 Port. 3,5 Std. Leicht

Zutaten

4 g frische Hefe
600 ml Wasser, lauwarm
250 g Vollkornmehl
1 TL Gerstenmalz
550 g Weizenmehl
20 g Salz
2 EL Mohn

Nährwerte p. P.

2776 kcal
531 g Kohlenhydrate
22 g Fett
90 g Eiweiß

1 Die Hefe im Wasser auflösen und anschließend das Gerstenmalz unterrühren.

2 Mohn, Salz und Mehl vermengen. Die flüssigen Zutaten dazugeben und verkneten. Mit einer Klarsichtfolie abdecken und an einen warmen Platz stellen. Zwei Stunden aufgehen lassen. Alle 30 Minuten den Teig falten.

3 Die Arbeitsfläche mit Mehl bestäuben und den Teig von rechts und von links zur Mitte falten. Anschließend von unten nach oben und von oben nach unten falten.

4 Den Teig in einen Brotkorb legen und 60 Minuten aufgehen lassen.

5 Einen Topf ohne Griffe in den Backofen stellen und auf 250 °C erhitzen. Den Brotlaib in diesen Topf geben, abdecken und 30 Minuten backen. Die Temperatur hierfür auf 230 °C reduzieren.

6 Nehmen Sie nach 30 Minuten den Deckel ab und lassen Sie das Brot weitere 30 Minuten backen.

(TIROLER BROT)

VINSCHGAUER

7 Port. | 1,5 Std. | Leicht

Zutaten

½ Hefewürfel
400 ml Wasser, lauwarm
25 g getrockneter Roggenvollkornsauerteig
150 g Weizenmehl
350 g Roggenmehl
10 g Salz
1 TL Kümmel
1 EL Speiseöl
1 TL Brotklee
1 TL Fenchel
Öl
Mehl zum Bestäuben

Nährwerte p. P.

271 kcal
53 g Kohlenhydrate
1 g Fett
8 g Eiweiß

1 Das Wasser in eine Schüssel geben und die Hefe darin auflösen. Mit einem Schneebesen nachhelfen. Die restlichen Zutaten dazugeben und alles gut durchkneten.

2 Den Teig bemehlen, ein Tuch über die Schüssel legen und ihn für eine halbe Stunde ruhen lassen.

3 Eine Arbeitsfläche mit viel Mehl bestreuen und den Teig darauf platzieren. Die Hände ebenfalls gut mit Mehl einreiben.

4 Sieben gleich große Stücke abtrennen und jede Portion zu einem Fladen formen. Diese Fladen in Roggenmehl wenden.

5 Ölen Sie ein Backblech ein und verteilen Sie die Teigfladen darauf. Nochmals zudecken und 30 Minuten gehen lassen.

6 Den Backofen bei Ober-/Unterhitze auf 230 °C vorheizen.

7 Eine feuerfeste Schüssel mit Wasser in den Backofen stellen und die Brote 20 Minuten backen.

Hauptgerichte mit Fleisch & Geflügel

RINDSGULASCH

4 Port. | 2 Std. 5 Min. | Mittel

Zutaten

1 Scheibe Brot
1 kg Zwiebeln
1 kg Gulaschfleisch
500 ml klare Suppe
4 EL Öl
2 EL Paprikapulver
1 TL Salz und Pfeffer
1 Stange Maggikraut
1 EL Majoran
Prise gemahlenes Chili

Nährwerte p. P.

745 kcal
27 g Kohlenhydrate
44 g Fett
55 g Eiweiß

1 Das Gulasch in mundgerechte Stücke schneiden. Die geschälten Zwiebeln fein würfeln. Öl in einem Topf erhitzen, die Zwiebeln andünsten und anschließend das Fleisch darin braten.

2 Nehmen Sie den Topf vom Herd, rühren Sie das Paprikapulver hinein und löschen Sie alles mit der Suppe ab. Sollte das Fleisch nicht komplett bedeckt sein, noch mehr Suppe dazugeben.

3 Die Rinde vom Brot abschneiden und das Innere der Brotscheibe mit Majoran, Pfeffer, Maggikraut und Salz hineinrühren. Optional mit einer Prise Chilipulver würzen. Den Deckel auflegen und köcheln lassen. Im Topf dauert dies zwei Stunden, in einem Schnellkochtopf 30 Minuten. Bei Bedarf Wasser dazugeben, sodass immer 1 cm Flüssigkeit über dem Fleisch steht.

4 Das Fleisch anschließend herausnehmen. Die Soße pürieren und erneut abschmecken. Das Fleisch hineinlegen und wieder aufwärmen.

HASCHEEKNÖDEL

4 Port. | 55 Min. | Mittel

Zutaten

250 g Mehl
20 g Fett
100 g Schweinebraten
100 g Knackwurst
100 g geräucherter Schinken
250 ml Wasser
1 Knoblauchzehe
2 EL Zwiebeln
Kümmel
Pfeffer und Salz
Salzwasser zum Kochen

Nährwerte p. P.

699 kcal
91 g Kohlenhydrate
17 g Fett
40 g Eiweiß

1 Fett, Salz und Wasser zum Kochen bringen. Das Mehl nach und nach hineinrühren. Die Hitze stark reduzieren und den Topfinhalt rösten, sodass sich der Teig vom Boden löst. Anschließend auf die Seite stellen und gut auskühlen lassen.

2 Wurst, Schinken und Fleisch durch den Fleischwolf drehen. Fett in einer Pfanne erhitzen. Die Zwiebeln fein würfeln und im Fett dünsten. Die Zwiebeln mit dem Gehackten vermengen.

3 Den Knoblauch fein hacken und zum Fleisch geben. Mit Pfeffer, Salz und Kümmel abschmecken. Kleine Bällchen formen.

4 Den Teig ebenfalls zu Bällchen formen und dann flach drücken. Auf jedes Teigplätzchen ein Fleischbällchen legen und dieses dann ummanteln.

5 Salzwasser zum Kochen bringen und die Knödel darin 10 Minuten ziehen lassen.

TIROLER PIZZA

4 Port. | 1 Std. 40 Min. | Leicht

Zutaten

1 EL Salz
500 g Weizenmehl, Type 1050
300 ml Wasser
20 g Hefe
Prise Zucker
200 g Crème fraîche
200 g Speck
2 Eier
400 g Sauerrahm
75 g Mehl
Jeweils eine Prise Pfeffer und Salz

Nährwerte p. P.

2164 kcal
206 g Kohlenhydrate
117 g Fett
65 g Eiweiß

1 Den Backofen auf Ober-/Unterhitze und 250 °C vorheizen.

2 Das Wasser ein wenig erwärmen und mit Mehl, Zucker, Salz und Hefe verkneten. 60 Minuten stehen lassen.

3 Verteilen Sie den Pizzateig auf dem Backblech. Den Speck mit allen übrigen Zutaten verrühren und die Masse auf dem Pizzaboden verteilen. 20 Minuten backen.

KALBSFASCHIERTES MIT KRAUTAUFLAUF UND MARONI

3 Port. | 1 Std. 20 Min. | Mittel

Zutaten

350 g Spitzkohl
10 Maroni
1 kl. Brötchen
100 g Joghurt
300 g faschierte Kalbsschulter
1 kleine Zwiebel
60 g Butter
75 g Schlagsahne
2 Knoblauchzehen
2 Eier
50 g Speckwürfel
Pfeffer, Salz und Majoran

Nährwerte p. P.

518 kcal
41 g Kohlenhydrate
21 g Fett
34 g Eiweiß

1 Den Kohl in kochendes Wasser legen und die Blätter ablösen. Diese Blätter blanchieren und unter kaltem Wasser abschrecken.

2 Die Sahne über das gewürfelte Brötchen gießen und einweichen lassen.

3 Einen Esslöffel Butter in einem Topf zergehen lassen. Knoblauch und Zwiebel fein würfeln, die Maroni ebenfalls in Würfel schneiden und alles in den Topf geben.

4 Den Backofen auf Ober-/Unterhitze und 200 °C vorheizen.

5 Das Fleisch mit der Zwiebelmischung, den Eiern, dem Joghurt und den Brötchenwürfeln vermischen. Mit Majoran, Salz und Pfeffer abschmecken.

6 Fetten Sie eine Auflaufform ein und legen Sie den Boden mit einem Drittel der Kohlblätter aus. Geben Sie die Hälfte der Fleischmasse darauf und decken Sie diese mit den übrigen Kohlblättern ab. Mit den Speckwürfeln bestreuen.

7 Die übrige Butter schmelzen lassen und über den Auflauf geben. 45 Minuten backen.

WIENER SCHNITZEL

4 Port. 30 Min. Mittel

Zutaten

12 EL Mehl
4 Kalbsschnitzel
5 Eier
2 Zitronen
12 EL Semmelbrösel
Butter
Salz

Nährwerte p. P.

347 kcal
25 g Kohlenhydrate
10 g Fett
35 g Eiweiß

1 Das Fleisch mit einer Frischhaltefolie abdecken und mit einem Topf klopfen.

2 Drei tiefe Teller jeweils mit den Semmelbröseln, Mehl oder den verquirlten Eiern füllen.

3 Das Fleisch salzen und dann im Mehl, den Eiern und zuletzt den Semmelbröseln wenden.

4 Butter in einer Pfanne erhitzen und die Schnitzel hineinlegen. Sie sollten im Fett schwimmen, achten Sie darauf, die Pfanne in Wellen zu schwenken. Mit einer Zange die Schnitzel wenden.

5 Das Fleisch auf einer Küchenrolle abtropfen lassen und mit Zitronenscheiben garnieren.

ALMTALER HORUCK-BRATL

4 Port. | 2 Std. 55 Min. | Mittel

Zutaten

1 doppeltes Schweinekarree (mit Rückgrat und Schwarte)
8 Knoblauchzehen
5 EL Kümmel
1 EL Salz
500 ml Wasser
2 halbierte Knoblauchzehen
250 ml Bier
125 ml Sonnenblumenöl
2 Lorbeerblätter

Nährwerte p. P.

909 kcal
26 g Kohlenhydrate
73 g Fett
28 g Eiweiß

1 Den Backofen auf Umluft und 210 °C vorheizen.

2 Die acht Knoblauchzehen pressen. Das Fleisch mit Kümmel, gepresstem Knoblauch, Salz und Öl einreiben. Das Fleisch auf der Schwartenseite in eine große Pfanne legen. Die Lorbeerblätter und die Knoblauchhälften ebenfalls in die Pfanne geben. Wasser aufgießen und für eine halbe Stunde in den Backofen stellen.

3 Den Braten wenden und mithilfe eines Messers die Schwarte alle zwei cm einschneiden. Mit Bier ablöschen und den Backofen auf 150 °C herunterdrehen.

4 Den Braten zwei Stunden garen und hin und wieder mit Bier oder Wasser übergießen.

5 Abschließend auf 220 °C erhitzen und zehn Minuten weiterbraten.

TAFELSPITZ MIT KREN

6 Port. | 2 Std. | Mittel

Zutaten

Für den Tafelspitz
2 Möhren
1 große Zwiebel
3 Lorbeerblätter
1 Knolle Sellerie
1 Knoblauchzehe
10 Pfefferkörner
1,4 kg Tafelspitz
3 l Wasser
1 EL Salz
5 Petersilienstängel
Pfeffer

Für den Apfelkren
20 g Meerrettich, frisch
1 TL Zucker
1 EL Zitronensaft
1 Apfel

Für den Semmelkren
200 g Sahne
400 ml Rinderbrühe
75 g Semmelbrösel
1 Bund Petersilie

Nährwerte p. P.

656 kcal
21 g Kohlenhydrate
44 g Fett
41 g Eiweiß

1 Die Zwiebel halbieren und mit der Schnittseite in einen Topf legen. Anschließend erhitzen und die Zwiebel dunkel werden lassen. Alle übrigen Zutaten für den Tafelspitz in den Topf geben (außer Salz und Tafelspitz). Mit Wasser angießen und zum Kochen bringen. Das Fleisch dann hineinlegen.

2 Schöpfen Sie immer wieder das Eiweiß ab, das sich durch das Kochen absetzt. Die Hitze herunterdrehen, sodass das Fleisch nur noch köchelt. Mit einem leicht aufgelegten Deckel das Fleisch 2 Stunden garen.

3 Nehmen Sie den Tafelspitz heraus und seihen Sie die Brühe durch ein Küchentuch in einen weiteren Topf ab. Mit Pfeffer und Salz würzen.

4 Den Meerrettich schälen und den Apfel vom Kerngehäuse befreien. Beides raspeln und mit Zucker und Zitronensaft verrühren.

5 400 ml der Tafelspitzbrühe mit der Sahne für die Semmelkren verrühren und zum Kochen bringen. Gehackte Petersilie und Semmelbrösel hinzufügen und einen Brei daraus rühren. Mit Salz abschmecken.

6 Den Tafelspitz in feine Scheiben schneiden. Diese Fleischscheiben in die übrige Rinderbrühe legen, erwärmen und mit den Beilagen anschließend servieren.

GESTÜRZTES SAUERKRAUT

4 Port. | 1,5 Std. | Mittel

Zutaten

50 g Knoblauchspeck
350 g Kartoffeln
½ rote Paprika
600 g Sauerkraut
1 EL Apfelessig
100 g Zwiebeln
1 EL Butterschmalz
200 g Selchfleisch
200 g Sauerrahm
4 Eier
Pfeffer, Salz und Kümmel
Wasser

Nährwerte p. P.

337 kcal
21 g Kohlenhydrate
17 g Fett
19 g Eiweiß

1 Fetten Sie eine runde, tiefe Auflaufform ein und verteilen Sie die Brösel auf dem Fett.

2 Die Kartoffeln in Wasser garen und auskühlen lassen.

3 Zwiebeln, Paprika und Speck in kleine Würfel schneiden. Butterschmalz in einer Pfanne erhitzen und die gewürfelten Zutaten darin anbraten.

4 Essig zum Ablöschen dazu gießen und das Sauerkraut beimengen. Den Deckel auflegen und bei geringer Hitze für 20 Minuten köcheln lassen. Pfeffern, salzen und mit Kümmel würzen.

5 Den Backofen auf Umluft und 170 °C vorheizen.

6 Die geschälten Kartoffeln in Scheiben schneiden (ca. 5 mm). Das Fleisch in feine Scheiben schneiden. Nun im Wechsel das Fleisch, die Kartoffeln und das Sauerkraut in der eingefetteten Form schichten.

7 Eier und Sauerrahm verquirlen und das Gericht damit übergießen.45 Minuten backen und anschließend stürzen.

Hauptgerichte mit Fisch & Meeresfrüchten

STRUDEL MIT HECHT UND LACHS

4 Port. 45 Min. Mittel

Zutaten

70 g Zwiebeln
160 g Champignons
1 EL Butterschmalz
1 EL Petersilie
1 Spritzer Zitronensaft
250 ml Schlagsahne
300 g Hecht
150 g Lachsfilet
1 Pck. Blätterteig
1 EL Dill
1 Eiweiß
1 EL Petersilie
Pfeffer und Salz
1 Eigelb

Nährwerte p. P.

1101 kcal
29 g Kohlenhydrate
81 g Fett
60 g Eiweiß

1 Das Butterschmalz in einer Pfanne heiß werden lassen. Die geschälten Zwiebeln fein hacken und in der Pfanne dünsten. Die Pilze ebenfalls würfeln und zu den Zwiebeln geben. Die Temperatur reduzieren und stetig rühren. Zitronensaft dazugeben und mit Salz und Pfeffer abschmecken.

2 Die Petersilie fein hacken und zu den Zwiebeln geben. Entfernen Sie mögliche Gräten beim Hecht und schneiden Sie den Fisch in kleine Stücke. Geben Sie den Fisch in den Mixer und fügen Sie die Sahne dazu. Passieren Sie die Masse anschließend.

3 Die Zwiebelmasse, das Eiweiß und den Dill mit dem Hechtpüree vermengen. Salzen und pfeffern.

4 Den Backofen auf Ober-/Unterhitze und 220 °C vorheizen.

5 Den Blätterteig ausrollen und die halbe Menge der Hechtmasse auf der Hälfte des Teiges platzieren und verteilen. Achten Sie darauf, einen Rand auszusparen. Anschließend den Lachs mittig auf der Hechtmasse platzieren und die übrige Fisch-Creme darübergeben.

6 Mit dem übrigen Blätterteig zudecken, aufrollen und die Enden fest verschließen.

7 Ein Backblech mit Backpapier auslegen und den Strudel darauflegen. Mit dem Eigelb bepinseln. 30 Minuten backen.

FISCH AUF KÄFERBOHNENBETT

4 Port. | 20 Min. | Leicht

Zutaten

4 Seelachsfilets
Saft einer Limette
Maisstärke
3 EL Erdnussöl (alternativ: Sonnenblumenöl)
250 g Käferbohnen Steirerkraft
400 g Weißkraut
2 Knoblauchzehen
Je 1 rote, gelbe und grüne Paprika
1 Zwiebel
200 ml Kokosmilch
Pfeffer, Salz, Suppenwürze

Nährwerte p. P.

934 kcal
83 g Kohlenhydrate
39 g Fett
48 g Eiweiß

1 Das Kraut waschen und in feine Streifen schneiden. Die Paprika waschen und in feine Würfel schneiden. Die geschälte Zwiebel und Knoblauchzehe fein hacken.

2 Erhitzen Sie einen Esslöffel Öl in einer Kasserolle und dünsten Sie den Knoblauch und die Zwiebel an. Geben Sie anschließend die Paprika und die Weißkrautstreifen dazu. Zum Ablöschen die Kokosmilch dazu gießen und mit Pfeffer und Salz würzen.

3 Die Bohnen abtropfen lassen und ebenfalls in den Topf geben. Das Ganze ein paar Minuten köcheln lassen und dann mit geschlossenem Deckel warmhalten.

4 Den Fisch mit Limettensaft beträufeln und mit Pfeffer und Salz würzen. Anschließend in Maisstärke wenden. 2 EL Öl in einer Pfanne erhitzen und die panierten Fischfilets braun anbraten.

KÄFERRISOTTO MIT ZANDER

4 Port. | 30 Min. | Mittel

Zutaten
Zander
2 Knoblauchzehen
4 Zanderfilets
Zitronensaft
Salz und Korianderkörner
1-Minuten-Polenta, fein
1 EL Butter

Risotto
50 g Parmesan, gerieben
500 g Gemüsefond
50 ml Weißwein
200 g Risottoreis
25 g Butter
160 g Käferbohnen
3 EL Steirerkraft Kürbis-Pesto
1 kleine Zwiebel
3 EL Schlagsahne
Salz

Krenschaum
1 Zwiebel
50 ml Weißwein
2 EL Butter
2 EL Meerrettich (Kren)
200 g Fischfond
Salz

Nährwerte p. P.

1819 kcal
168 g Kohlenhydrate
77 g Fett
105 g Eiweiß

1 Die geschälte Zwiebel für den Schaum fein würfeln und anschließend in Butter dünsten. Mit 50 ml Weißwein ablöschen und reduzieren lassen. Den Fond hinzugießen, Meerrettich unterrühren und alles pürieren.

2 Die Zwiebel für das Risotto schälen und fein würfeln. Butter in einer Pfanne schmelzen und die Zwiebeln darin andünsten. Anschließend den Reis hinzufügen. Mit Salz würzen und den Weißwein zum Ablöschen hineingießen.

3 Nach und nach den Gemüsefond dazu gießen und stets umrühren. Abschließend den Parmesan und die Bohnen unterrühren.

4 Das Risotto mit Schlagsahne und Zitronensaft abschmecken. Das Pesto erst kurz vor dem Servieren einarbeiten.

5 Den Fisch säubern und auf der Hautseite einige Male einschneiden. Die Hautseite in Polenta tunken. Olivenöl in einer Pfanne erhitzen und den Fisch anbraten. Das Öl kurz vor Schluss abgießen. Knoblauch und Butter hinzugeben und mit Zitronensaft, Koriander und Salz abschmecken.

6 Die Fischfilets wenden und die flüssige Butter darüber gießen (nappieren).

EIERSCHWAMMERL MIT SAIBLINGSFILET

4 Port. | 45 Min. | Leicht

Zutaten

400 g Eierschwammerl (echte Pfifferlinge)
5 EL Öl
1 rote Zwiebel
200 ml Schlagsahne
200 ml Gemüsefond
350 g Bandnudeln
2 EL Soßenbinder, hell
4 Saiblingfilets mit Haut
2 EL Schnittlauchröllchen
2 EL Mehl
1 Thymianzweig
Prise Muskat
Pfeffer und Salz
1 EL Kapern

Nährwerte p. P.

1554 kcal
140 g Kohlenhydrate
76 g Fett
66 g Eiweiß

1 Die Pilze putzen, die geschälte Zwiebel fein würfeln. Erhitzen Sie einen Esslöffel Öl in einem Topf und lassen Sie die Zwiebeln darin andünsten.

2 Sahne und Fond zum Ablöschen dazu gießen und ein wenig einkochen lassen. Mit Muskat, Pfeffer und Salz abschmecken und mit Soßenbinder eindicken. Die Bandnudeln nach Packungsanleitung zubereiten.

3 Zwei Esslöffel Öl in einer Pfanne erhitzen und die Pfifferlinge anbraten. Kapern und Thymian hinzugeben und zum Ablöschen die Soße dazu gießen.

4 Die Fischfilets auf der Hautseite einritzen. Anschließend pfeffern, salzen und in Mehl wälzen. Klopfen Sie das überschüssige Mehl ab.

5 Erneut zwei Esslöffel Öl erhitzen und den Fisch rundherum anbraten.

6 Die Soße mit den Nudeln vermengen und anrichten. Den Fisch auf das Nudelbett legen.

7 Den Schnittlauch fein schneiden und die Teller damit bestreuen.

FORELLENGRÖSTL

4 Port. 55 Min. Leicht

Zutaten

1 Zwiebel
600 g Kartoffeln, festkochend
400 g Rotkraut
2 Knoblauchzehen
3 Handvoll Dillzweige
1 TL Kümmel
3 EL Rapsöl
Prise Zucker
250 g Räucherforellenfilets
4 Handvoll Petersilienblätter
Pfeffer und Salz

1 Die Kartoffeln 25 Minuten in heißem Salzwasser gar kochen. Die Kartoffeln abseihen und ein wenig abkühlen lassen. Anschließend pellen und in dünne Scheiben schneiden.

2 Die geschälte Zwiebel halbieren und in feine Streifen schneiden. Den Knoblauch fein hacken, das Rotkraut in ein cm große Stücke schneiden.

3 Öl in einer großen Pfanne erhitzen und die Kartoffeln darin anbraten. Knoblauch, Zwiebel und Rotkraut hinzufügen und mitbraten. Mit Zucker, Salz, Kümmel und Pfeffer abschmecken.

4 Petersilienblätter und Dill hacken und in die Pfanne geben. Den Fisch grob schneiden und ebenfalls unter die Kartoffeln heben.

Nährwerte p. P.

613 kcal
63 g Kohlenhydrate
21 g Fett
34 g Eiweiß

WALDVIERTLER MOHN-KARPFEN

4 Port. 30 Min. Leicht

Zutaten

2 Eier
4 Karpfenfilets
50 ml Zitronensaft
2 EL Semmelbrösel
1 EL Mehl
3 EL Mohn
Pfeffer und Salz
Öl

Nährwerte p. P.

346 kcal
7 g Kohlenhydrate
14 g Fett
47 g Eiweiß

1 Zitronensaft über den Fisch geben und ein wenig einziehen lassen. Anschließend pfeffern und salzen.

2 Die Filets in Mehl wenden. Die Eier verquirlen und die bemehlten Fischfilets in die Eier tunken.

3 Den Mohn mit den Bröseln mischen und damit den Fisch panieren.

4 Öl in einer Pfanne erhitzen und die panierten Fische darin backen. Die Hautseite hierbei gerne länger braten lassen.

Vegetarische Hauptgerichte

KÜRBISNOCKERL

4 Port. | 50 Min. | Mittel

Zutaten

600 g Kürbis
2 Eigelb
150 g Mehl
Pfeffer, Salz und Muskat
50 g Grieß
1 EL Butter
1 Knoblauchzehe
200 g Frischkäse
1 EL Mehl
50 ml Kürbiskernöl
250 ml Brühe
Salzwasser zum Kochen

Nährwerte p. P.

1151 kcal
120 Kohlenhydrate
61 g Fett
26 g Eiweiß

1 Den geputzten Kürbis halbieren und die Kerne entfernen. Beide Kürbishälften anschließend im Backofen 30 Minuten dämpfen.

2 Das Kürbisfleisch mithilfe eines Löffels herauskratzen und pürieren. Gut abkühlen lassen.

3 Wiegen Sie nun 600 g Kürbispüree ab und vermengen Sie es mit dem Eigelb, Mehl, Grieß, Pfeffer, Salz und Muskat. Ein wenig ziehen lassen.

4 Salzwasser in einem Topf zum Kochen bringen. Mit zwei Teelöffeln kleine Nockerln aus dem Kürbispüree formen und ins Wasser gleiten lassen. Die Temperatur herunterdrehen.

5 Sobald die Nockerl an die Wasseroberfläche kommen, können sie herausgenommen werden.

6 Den geschälten Knoblauch fein hacken. Butter in einer Pfanne erhitzen und den Knoblauch darin dünsten. Mit Mehl bestäuben und mit der Brühe ablöschen.

7 Rühren Sie den Frischkäse hinein und mixen Sie alles mit dem Kürbiskernöl auf. Mit Pfeffer und Salz würzen.

8 Diese Soße als Spiegel auf einem Teller anrichten und die Nockerln darauf drapieren.

KASPRESSKNÖDEL

4 Port. | 1 Std. 10 Min. | Leicht

Zutaten

4 Eier
300 g Knödelbrot oder alte Brötchen
½ Bund Petersilie
200 g mittelalter Bergkäse
200 ml lauwarme Milch
Butterschmalz

Nährwerte p. P.

973 kcal
84 g Kohlenhydrate
45 g Fett
53 g Eiweiß

1 Alte Brötchen in Würfel schneiden oder das Knödelbrot in eine Schüssel geben.

2 Reiben Sie den Käse und hacken Sie die Petersilie. Käse und Petersilie zu den Brotwürfeln geben und mit Milch übergießen.

3 Die Eier ebenfalls hineinschlagen. Alles gut vermengen und ein Küchentuch darüberlegen. Eine halbe Stunde einweichen lassen.

4 Die Hände anfeuchten und Knödel formen. Diese dann platt drücken.

5 Butterschmalz in einer Pfanne erhitzen und die flachen Knödel darin anbraten.

HERZHAFTER KAISERSCHMARREN

2 Port. | 35 Min. | Leicht

Zutaten

2 Eier
100 g Dinkelvollkorn-mehl
125 g Magerquark
100 ml Milch
100 g Kirschtomaten
1 Schalotte
125 g Champignons
1 Knoblauchzehe
50 g Feta-Käse
Muskat, Pfeffer und Salz
Olivenöl

Nährwerte p. P.

403 kcal
40 g Kohlenhydrate
13 g Fett
26 g Eiweiß

1 Den Backofen auf Ober-/Unterhitze und 200 °C vorheizen.

2 Die Eier trennen und das Eiweiß zu Schnee schlagen. Die Eigelbe mit Mehl, Milch, Magerquark, Pfeffer, Salze und Muskat vermengen. Den Teig 15 Minuten ruhen lassen.

3 Knoblauch und Schalotte in feine Würfel schneiden. Schneiden Sie die Champignons in feine Scheiben und halbieren Sie die Tomaten.

4 Einen Esslöffel Öl in einer Pfanne erhitzen und den Knoblauch und die Schalotte dünsten. Die Pilze hineingeben und mitbraten. Danach kommen die Tomaten hinzu. Alles mit Pfeffer und Salz würzen. Die Pfanne herunternehmen.

5 Nehmen Sie die Hälfte der Mischung aus der Pfanne heraus und stellen Sie sie beiseite.

6 Geben Sie den Eischnee zum Teig. Verteilen Sie die Hälfte des Teiges über dem Gemüse und stellen Sie die Pfanne auf eine Herdplatte.

7 Den Feta fein würfeln und ebenfalls nur die Hälfte auf dem Teig verteilen. 15 Minuten in den Backofen stellen.

8 Den restlichen Teig ebenfalls auf diese Weise verarbeiten. Den fertigen Schmarren zerrupfen.

KÄRNTNER KASNUDELN

4 Port. | 1 Std. 20 Min. | Mittel

Zutaten

2 Eier
300 g Mehl
Etwas Wasser
100 g Butter
Eiweiß zum Bepinseln
Schuss Öl
300 g Quark, fettarm
150 g geschälte Kartoffeln
2 EL Zwiebelwürfel
3 EL Sauerrahm
2 EL gehackte, gemischte Kräuter
Salz
Wasser zum Kochen

Nährwerte p. P.

589 kcal
63 g Kohlenhydrate
28 g Fett
18 g Eiweiß

1 Das Mehl auf einer Arbeitsfläche anhäufen und in der Mitte eine Mulde formen. Ein Ei hineinschlagen und ein wenig salzen. Nach und nach Öl und Wasser unterarbeiten, sodass ein glatter Teig entsteht. Eine Teigkugel formen, in Frischhaltefolie einwickeln und 40 Minuten auf die Seite stellen.

2 Die Kartoffeln in einem Topf mit Wasser weich kochen und durch eine Kartoffelpresse drücken. Etwas Butter in einer Pfanne schmelzen lassen und die Zwiebelwürfel dünsten. Die Kräuter untermengen, ein wenig Salz darüber geben und die Pfanne auf die Seite stellen. Quark, Kartoffeln, das zweite Ei, den Sauerrahm und Salz in die Pfanne geben und gut vermengen.

3 Die Arbeitsfläche mit Mehl bedecken und den Teig darauf ausrollen. Er sollte messerrückendick sein. Mit einem Glas Scheiben ausstechen und diese Teigscheiben dann mit der Kartoffelfüllung füllen.

4 Die Teigränder mit Eiweiß bepinseln und dann zusammenklappen. Kleine Rillen mit den Fingern eindrücken. Diese gefüllten Nudeln nun auf ein Brett legen. Die gefüllten Nudeltaschen anschließend herausnehmen.

5 Salzwasser erhitzen. Die Nudeln hineingleiten lassen. Das Wasser darf nicht kochen. Lassen Sie die Nudeln elf Minuten ziehen.

6 Die übrige Butter in einem Topf schmelzen, bräunen und über die Kasnudeln geben.

BAD ISCHLER BRENNNESSELWÜRSTEL (PALATSCHINKEN)

4 Port. | 45 Min. | Mittel

Zutaten

Palatschinken
2 Eier
250 ml Milch
Prise Salz
80 g Mehl
Butterschmalz

Füllung
70 g Butter
250 g frische Brennnessel
200 ml Sauerrahm
70 g Semmelbrösel
Etwas Gemüsesuppe
Pfeffer, Salz und Muskat

Nährwerte p. P.

860 kcal
70 g Kohlenhydrate
50 g Fett
26 g Eiweiß

1 Mehl, Salz, Eier und Milch vermengen. Butterschmalz in einer Pfanne erhitzen und dünne Palatschinken herausbacken.

2 Brennnessel blanchieren und anschließend fein hacken, wer möchte, kann auch mit einem Pürierstab pürieren.

3 Die Semmelbrösel rösten, einen Schuss Suppe und einen Esslöffel Sauerrahm untermengen. Anschließend diese Masse mit den Brennnesseln vermischen und mit Muskat, Salz und Pfeffer abschmecken.

4 Den Backofen auf Umluft und 180 °C vorheizen.

5 Die Brennnesselmasse nun auf die Palatschinken verteilen. Die Palatschinken aufrollen und mittig schräg durchschneiden.

6 Fetten Sie eine Auflaufform ein und bedecken Sie den Boden mit etwas Rahm.

7 Die Palatschinken-"Würstel" in die Form legen und mit zerlassener Butter übergießen. Den restlichen Rahm darüber träufeln. Für zehn Minuten backen.

TOPFENREINKALAN

2 Port. | 1 Std. | Leicht

Zutaten

250 g Kartoffeln, mehlig kochend
250 g Magerquark
1 TL Salz
1 Ei
1 EL Butter
3 gehäufte EL Mehl

Nährwerte p. P.

255 kcal
26 g Kohlenhydrate
7 g Fett
19 g Eiweiß

1 Die Kartoffeln gar kochen, schälen und mit einer Kartoffelpresse zerdrücken. Den Brei abkühlen lassen.

2 Den Backofen auf Ober-/Unterhitze und 200 °C vorheizen.

3 Ei, Quark, Mehl, Salz und Kartoffeln kräftig miteinander verrühren.

4 Belegen Sie ein Backblech mit Backpapier. Formen Sie Laibchen/Taler und legen Sie diese auf das Backblech. 20 Minuten backen.

5 Butter in einer Pfanne erhitzen und die Taler nochmals braten, sodass sie knusprig werden.

ROTE RÜBEN IM SALZTEIGMANTEL

4 Port. | 1 Std. 40 Min. | Mittel

Zutaten

200 g Mehl
500 g Meersalz, grob
5 Stk. Rote Bete
4 Eiweiß
10 g Kümmelkörner
3 EL Himbeeressig
½ kl. Zwiebel
1 EL Senf, grob
1 TL Honig
6 EL Olivenöl
Pfeffer und Salz
120 g Linsensprossen
1 Petersilienstängel

Nährwerte p. P.

462 kcal
46 g Kohlenhydrate
24 g Fett
12 g Eiweiß

1 Den Backofen bei Umluft auf 180 °C vorheizen.

2 Kümmelkörner, Salz und Mehl vermengen. Die Eiweiße unterrühren und den Teig mit den Händen durchkneten. Die roten Beten gründlich waschen.

3 Den Teig in fünf Teile teilen. Die Teiglinge um die roten Beten wickeln. Ein Backblech mit Backpapier auslegen und die Rüben darauflegen. 90 Minuten garen.

4 Die Rüben aufbrechen und schälen. Anschließend in Spalten schneiden. Schneiden Sie die geschälte Zwiebel in feine Würfel. Senf, Essig, Honig und zwei Esslöffel Wasser verrühren. Salzen und pfeffern. Schrittweise Öl unterrühren.

5 Vermengen Sie die Vinaigrette mit den Zwiebeln und den Sprossen. Für zehn Minuten ruhen lassen. Die Petersilie hacken.

6 Die Rüben mit der Vinaigrette servieren.

Vegane Hauptgerichte

GERÖSTETE EIERSCHWAMMERL (PFIFFERLINGE)

4 Port. | 30 Min. | Leicht

Zutaten

1 kg Kartoffeln
500 g Eierschwammerl (Pfifferlinge)
2 Zwiebeln
Je ein Bund Petersilie und Schnittlauch
Pfeffer, Salz
2 EL Öl

Nährwerte p. P.

294 kcal
45 g Kohlenhydrate
6 g Fett
7 g Eiweiß

1 Die Kartoffeln weich kochen, anschließend abschrecken und schälen. Schneiden Sie die Kartoffeln in feine Scheiben.

2 Die Pilze putzen. Die Zwiebeln schälen und in feine Würfel schneiden. Petersilie und Schnittlauch ganz fein hacken.

3 Das Öl in einer Pfanne heiß werden lassen und die Pfifferlinge rösten. Sobald die Flüssigkeit, die austritt, verdampft ist, Pfeffer und Salz dazugeben. Die Pilze herausnehmen.

4 Zwiebeln und Kartoffeln in dieselbe Pfanne geben und rösten. Die Pfifferlinge kurz vor Schluss unterrühren und bei Bedarf erneut würzen. Die gehackten Kräuter darüberstreuen.

TIROLER „SPECK"-KNÖDEL

2 Port. 1 Std. Mittel

Zutaten

300 ml Sojadrink
225 g Brötchen vom Vortag
175 g Räuchertofu
⅓ TL Muskat
2 EL Sojamehl oder Ei-Ersatz-Pulver
3 EL gehackter Schnittlauch
1 Zwiebel
1,5 EL Sojasoße
⅓ TL Liquid Smoke
⅓ TL geräuchertes Paprikapulver
Öl

Soße
½ Zwiebel
250 ml vegane Sahne
300 g gemischte Pilze
1 Knoblauchzehe
100 ml Pilzfond
100 ml Weißwein
Pfeffer, Salz
Öl

Nährwerte p. P.

1096 kcal
85 g Kohlenhydrate
58 g Fett
42 g Eiweiß

1 Das Sojamehl mit etwas Sojadrink verrühren und aufquellen lassen.

2 Die Brötchen, den Tofu und die geschälte Zwiebel würfeln. Öl in einer Pfanne erhitzen und die Zwiebel dünsten. Brötchenwürfel und Zwiebel in einer großen Schüssel vermengen.

3 Erneut etwas Öl in die Pfanne geben und den Tofu anbraten. Mit Liquid Smoke und Sojasoße ablöschen. Paprikapulver dazugeben. ¾ der knusprigen Tofuwürfel zu den Brötchen geben, die restlichen Würfel beiseitestellen.

4 Den übrigen Sojadrink in der Pfanne erhitzen und über die Brötchen gießen. 15 Minuten aufweichen lassen.

5 Sojamehl und Schnittlauch zu den Brötchen geben und mit Pfeffer, Salz und Muskat abschmecken. Ordentlich durchkneten. Die Hände anfeuchten und vier bis sechs Knödel formen.

6 Salzwasser erhitzen und sieden lassen. Die Knödel hineinlegen und 20 Minuten bei leichter Hitze mit Deckel garen.

7 Für die Soße die Pilze klein schneiden. Öl in einer Pfanne erhitzen, die Pilze rösten und herausnehmen. Die geschälte Zwiebel und den Knoblauch in feine Würfel schneiden. Mit wenig Öl in der Pfanne dünsten. Mit dem Wein ablöschen und ein wenig einkochen lassen.

8 Den Fond und die Sahne zu den Zwiebeln in die Pfanne geben und alles vier Minuten köcheln lassen. Die Pilze untermengen, salzen und pfeffern.

9 Die Knödel mit den beiseite gestellten Tofu-Würfeln anrichten und mit der Soße servieren.

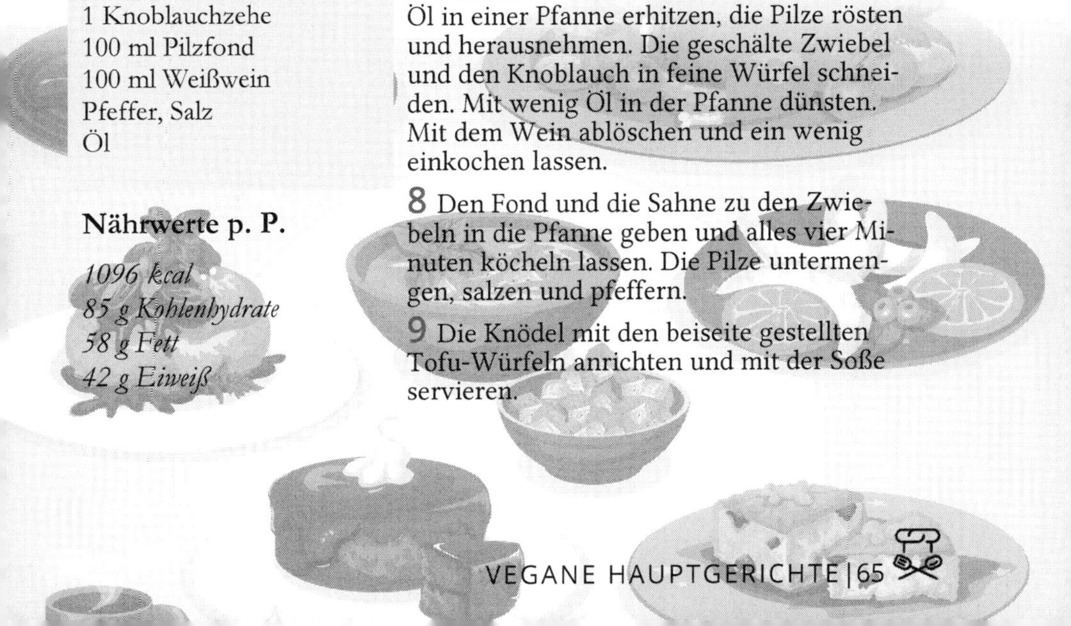

GRÖSTL MIT TOFU

4 Port. | 30 Min. | Leicht

Zutaten

1 Stange Lauch
200 g Räuchertofu
½ Knolle Sellerie
1 kg Kartoffeln, am Vortag gekocht
40 g Tomaten, getrocknet
1 Zwiebel
2 TL Kümmel
4 EL Öl
2 TL Majoran
1 Bund Schnittlauch
1 EL Balsamicoessig
Pfeffer und Salz

Nährwerte p. P.

435 kcal
50 g Kohlenhydrate
16 g Fett
16 g Eiweiß

1 Den Tofu gut abtropfen lassen und mit einem Küchenpapier ab-tupfen. Öl, Essig, Pfeffer und Salz verrühren und den Tofu darin einlegen.

2 Die geschälten Kartoffeln in feine Scheiben schneiden. Den Sel-lerie ebenfalls schälen und fein würfeln. Erhitzen Sie etwas Öl in einer Pfanne und braten Sie die Kartoffeln und den Sellerie darin an.

3 Die Tomaten, den Lauch und die geschälte Zwiebel fein würfeln und ebenfalls in die Pfanne geben. Nun so lange wenden, bis der Sellerie gar ist.

4 Etwas Öl in einer weiteren Pfanne erhitze und die Tofuwürfel scharf anbraten.

5 Gröstl auf Teller verteilen und mit Tofu garnieren. Pfeffer, Salz, Majoran und Kümmel darüber geben. Schnittlauch in feine Röllchen schneiden und über die Gröstl streuen.

WIENER KRAUTFLECKERL

4 Port. | 1 Std. 10 Min. | Leicht

Zutaten

250 g Fleckerl (Nudeln)
1 Zwiebel
1 EL Zucker
1 kg Weißkrautkopf
1 EL Essig
1 EL ganzer Kümmel
½ TL Salz
3 EL Öl
1 TL Suppenpulver
Pfeffer
Petersilie

Nährwerte p. P.

334 kcal
26 g Kohlenhydrate
16 g Fett
8 g Eiweiß

1 Den Weißkrautkopf halbieren. Entfernen Sie die äußeren Blätter und schneiden Sie den harten Strunk heraus. Schneiden Sie das Kraut in feine Streifen und waschen Sie es gut ab.

2 Die geschälte Zwiebel fein würfeln. Öl in einer Pfanne heiß werden lassen und die Zwiebeln dünsten. Den Zucker in die Pfanne geben und die Zwiebeln karamellisieren.

3 Die Krautstreifen und den Kümmel ebenfalls in die Pfanne geben und alles miteinander verrühren.

4 Einen Deckel auflegen und das Kraut dünsten. Es muss braun werden, dies kann allerdings auch gut eine Stunde dauern. Hin und wieder umrühren. Essig, Salz und Suppenpulver dazugeben und gut verrühren.

5 Die Fleckerl nach Anweisung auf der Packung zubereiten. Nehmen Sie die Fleckerl allerdings eine Minute früher aus dem Wasser, seihen Sie diese ab und geben Sie sie zum Kraut dazu.

6 Die Petersilie fein hacken und das Gericht damit garnieren.

VEGANE MOHNNUDELN

2 Port. | 45 Min. | Mittel

Zutaten

Nudeln
15 g Margarine, vegan
250 g Kartoffeln, mehlig kochend und vom Vortag
Prise Salz
40 g Apfelmus
125 g Mehl

Weitere Zutaten
40 g Mohn
50 g vegane Margarine
Ein Schuss Rum
5 g Vanillezucker
20 g Zucker
Puderzucker
Apfelmus

Nährwerte p. P.

574 kcal
84 g Kohlenhydrate
19 g Fett
10 g Eiweiß

1 Die gewaschenen Kartoffeln in heißem Salzwasser 20 Minuten garen. Anschließend abkühlen lassen.

2 Die Kartoffeln am nächsten Tag schälen und mit einer Gabel zerdrücken. Mehl, Salz, Margarine, die zerdrückten Kartoffeln und Apfelmus miteinander verkneten.

3 Eine Arbeitsfläche mit Mehl bestreuen und den Teig zu einer Rolle formen. Aus dieser Rolle 20 Teile schneiden und Schupfnudeln formen. (Nach außen schmal zulaufend)

4 Die Nudeln 10 Minuten in heißem Wasser kochen lassen und sie anschließend abschöpfen.

5 Die Margarine in einer Pfanne schmelzen lassen. Mohn, Rum, Zucker und Vanillezucker hineingeben und die Nudeln darin schwenken.

6 Auf die Teller aufteilen und Puderzucker darüber geben. Mit Apfelmus servieren.

WIENER SEITAN-SCHNITZEL

4 Port. | 45 Min. | Leicht

1 Alle trockenen Zutaten für die Schnitzel miteinander vermengen. Anschließend die

Zutaten

Schnitzel
30 g Kichererbsenmehl
220 g Seitan-Fix
5 g Knoblauchpulver
7 g Zwiebelpulver
30 g Rapsöl
½ TL Salz
15 g Hefeflocken
25 g vegane Worcestershiresoße
30 g Apfelessig
3 g Liquid Smoke
270 ml Wasser

Panade
50 ml Hafersahne
75 ml Mineralwasser, sprudlig
25 g Ei-Ersatz
200 g Semmelbrösel
2 TL Salz
75 g Weizenmehl Type 405
Rapsöl zum Braten

Nährwerte p. P.

387 kcal
55 g Kohlenhydrate
13 g Fett
9 g Eiweiß

flüssigen Zutaten und 270 ml Wasser vermischen. Beide Bestandteile nun miteinander verkneten und ruhen lassen.

2 Die Schnitzelmischung in vier Teile aufteilen und diese Portionen dann auf eine Dicke von 5 mm ausrollen.

3 Für die Panade den Ei-Ersatz mit der Hafersahne und dem Mineralwasser vermischen. Drei tiefe Teller vorbereiten: Einen Teller mit Mehl füllen, den zweiten mit der Ei-Ersatz-Mischung und den dritten mit Paniermehl.

4 Die Seitan-Schnitzel anfeuchten und jeweils ¼ TL Salz darauf verteilen. Anschließend in Mehl, dann im Ei-Ersatz und in Paniermehl wenden.

5 In einer Pfanne 3 cm Rapsöl erhitzen und die Schnitzel acht Minuten braten. Schwenken Sie die Pfanne hin und wieder und wenden Sie die Schnitzel alle 2 Minuten. Auf einem Küchenpapier abtropfen lassen.

Fingerfood & Snacks

STRAUBEN

4 Port. | 35 Min. | Leicht

Zutaten

1 Pck. Vanillezucker
250 g Mehl
Prise Salz
250 ml Milch
2 cl Obstschnaps
3 Eier
Butterschmalz

Nährwerte p. P.

315 kcal
50 g Kohlenhydrate,
7 g Fett
11 g Eiweiß

1 Milch, Mehl, Vanillezucker und Salz verrühren und 20 Minuten stehen lassen.

2 Die Eier in den Teig hineinschlagen und mit einem Schneebesen verrühren. Den Schnaps hineingeben.

3 Eine große Menge Butterschmalz in einem Topf zum Schmelzen bringen und heiß werden lassen.

4 Mit einem Trichter den Teig ins Fett kreisförmig fließen lassen. 4 Minuten backen und abschöpfen.

5 Abtropfen lassen und mit Puderzucker bestreuen.

ALPENROLLER AUS NIEDERÖSTERREICH

2 Port. | 12,5 Std. | Mittel

Zutaten

4 Forellenfilets, ohne Gräten und mit Haut
250 ml Weißwein
1 TL Butter
1 EL Sonnenblumenöl
Dill, Salz
Zitronensaft
1 Möhre
1 Zwiebel
2 Essiggurken

Nährwerte p. P.

558 kcal
3 g Kohlenhydrate
18 g Fett
71 g Eiweiß

1 Die Fischfilets zwischen zwei Frischhaltefolien legen und ein wenig platt drücken. Anschließend mit Zitronensaft beträufeln und mit Salz und gehacktem Dill würzen.

2 Die Möhre und die Zwiebel schälen. Möhre, Zwiebel und Essiggurken in feine Streifen schneiden.

3 Einen Esslöffel Öl in einer Pfanne erhitzen und die Karotten und Zwiebeln dünsten. Die Gemüsestifte auf den Fischfilets anordnen. Die bereits verwendete Folie dazu nutzen, das Ganze straff aufzurollen. Einen Zahnstocher einstecken, um alles zusammenzuhalten.

4 Heizen Sie den Backofen auf 200 °C Ober-/Unterhitze vor.

5 Legen Sie die Fischrollen ohne die Folie in eine Auflaufform und geben Sie Weißwein und Butter dazu. Für fünf Minuten in den Backofen stellen.

6 Anschließend die Fischrollen in eine Schüssel schichten und 12 Stunden im Kühlschrank durchziehen lassen.

STEIRISCHE CROSTINI

2 Port. | 20 Min. | Leicht

Zutaten

1 Apfel
1 Stange Baguette
100 g Blauschimmelkäse
½ Dose geschälte Tomaten
Öl

Nährwerte p. P.

435 kcal
48 g Kohlenhydrate
18 g Fett
17 g Eiweiß

1 Öl in einer Pfanne erwärmen und das Baguette in Scheiben schneiden. Die Brotscheiben rösten.

2 Den Apfel schälen und in feine Würfel schneiden. Die Hälfte der Brote mit den Äpfeln belegen. Die Tomaten fein würfeln. Die andere Hälfte der Brotscheiben mit den Tomaten belegen. Auf allen Broten nun den Käse verteilen und die Crostini im Backofen auf 180 °C Ober-/Unterhitze überbacken.

SCHINKENCREME AUF RÖSTBROT

4 Port. | 3,5 Std. | Leicht

Zutaten

250 g Crème fraîche
2 TL Senf
4 Blätter Gelatine, weiß
1 EL Petersilie
250 g gekochter Schinken
2 TL Meerrettich
150 g Schlagsahne
Pfeffer und Salz
Weißbrotscheibe, getoastet

Nährwerte p. P.

412 kcal
4 g Kohlenhydrate
35 g Fett
17 g Eiweiß

1 Legen Sie die Gelatine in kaltes Wasser und rühren Sie die Crème fraîche glatt.

2 Lösen Sie die Gelatine in einem Topf bei kleiner Hitze auf. Mit der Crème fraîche vermischen.

3 Den Schinken und die Petersilie fein schneiden beziehungsweise hacken. Beides ebenfalls in den Topf geben, Meerrettich und Senf unterrühren und alles gut vermengen. Schmecken Sie die Mischung mit Salz und Pfeffer ab.

4 Schlagen Sie die Sahne steif und heben Sie diese unter die Schinkenmasse. Anschließend drei Stunden im Kühlschrank fest werden lassen.

5 Die Weißbrotscheibe toasten. Mithilfe zweier Löffel Nockerl aus der Masse ausstechen und auf der Brotscheibe drapieren.

BAUERNKRAPFEN

7 Port. 1,5 Std. Mittel

Zutaten

1 kg Mehl
Prise Salz
1,25 l Milch, lauwarm
2 Eier
3 Prisen Zucker
1 Pck. Trockenhefe
Öl

Nährwerte p. P.

639 kcal
112 g Kohlenhydrate
10 g Fett
21 g Eiweiß

1 Hefe, Zucker, Salz und Mehl vermengen. Anschließend Milch, Eier und Öl unterrühren.

2 Schlagen Sie die Zutaten zu einem glatten Teig. Die Schüssel abdecken und 60 Minuten an einem warmen Ort aufgehen lassen.

3 Einen Löffel in Mehl tunken und Krapfen aus dem Teig herausstechen. Diese Portionen ausrollen und ein wenig ruhen lassen.

4 Ziehen Sie die Teigflecken zu einer Scheibe auseinander. Die Innenfläche sollte dünn sein, sodass sich ein kleiner Rand bildet.

5 Öl in einem Topf erhitzen und die Teigplätzchen herausbacken. Legen Sie die Krapfen auf ein Küchentuch.

6 Die Krapfen können mit Marmelade oder mit Sauerkraut serviert werden.

ALMRAUNGERL

10 Port. | 1 Std. | Leicht

Zutaten

500 g Mehl
150 g Butter
Prise Salz
Zimt und Zucker
Fett zum Ausbacken
250 ml Rahm
½ TL Backpulver
Fett zum Ausbacken

Nährwerte p. P.

353 kcal
38 g Kohlenhydrate
19 g Fett
5 g Eiweiß

1 Salz, Backpulver und Mehl miteinander vermengen und auf eine Arbeitsfläche kippen.

2 Die Butter in Flocken auf der Mehlmischung verteilen und etwas Mehl darüberstreuen.

3 Geben Sie den Rahm dazu und verkneten Sie alles zu einem glatten Teig. Für 30 Minuten in den Kühlschrank stellen.

4 Den Teig in kleine Stücke portionieren und Rollen formen. Diese sollten daumendick sein. Mit einem Messer kleine Würfel abschneiden. Diese Raungerl sollen 1-2 cm groß sein.

5 Genügend Fett in einem Topf heiß werden lassen, sodass die Raungerl darin schwimmen können. Ab und zu umrühren, damit sie rundherum goldgelb werden.

6 Mit einem Schaumlöffel herausnehmen, abtropfen lassen und abschließend in Zimtzucker wenden.

Desserts

MARILLENKNÖDEL

4 Port. | 1 Std. 15 Min. | Leicht

Zutaten

500 g Quark
500 g Marillen
3 Eigelb
200 g Mehl
½ TL Honig
100 g Butter
Salz, Zimt, Rohrzucker
Salzwasser zum Kochen

Nährwerte p. P.

665 kcal
57 g Kohlenhydrate
38 g Fett
20 g Eiweiß

1 Die Marillen entsteinen, einen halben TL Honig zu den Früchten geben.

2 Eigelb, Mehl und Quark verrühren und anschließend ausrollen. Kleine Quadrate einschneiden, eine Marille auf jedes Quadrat legen und ummanteln. Mit der Hand kleine Knödel formen.

3 Salzwasser zum Kochen bringen, die Knödel hineingeben und 20 Minuten darin garen. Anschließend in einem Sieb abtropfen.

4 Die Butter in einem kleinen Topf zum Schmelzen bringen. Die Knödel auf Tellern verteilen und auseinanderreißen. Die Butter darüber gießen und Rohrzucker und Zimt darüberstreuen.

KÄRNTNER KLETZEN-NUDELN

30 Port. | 40 Min. | Schwer

Zutaten

300 g Mehl
Prise Salz
4 Eier
6 EL Wasser
3 EL Speiseöl
350 g geschnittene Kletzen (getrocknete Birnen)
250 g Bröseltopfen
Zimt und Zucker
100 g Zucker
1 EL Butter
Salzwasser zum Kochen

Nährwerte p. P.

114 kcal
18 g Kohlenhydrate
3 g Fett
2 g Eiweiß

1 Schütten Sie das Mehl auf eine Arbeitsfläche und geben Sie zwei Eier, das Salz, das Wasser und das Öl dazu. Anschließend alles schnell mit den Händen verkneten und in Frischhaltefolie einwickeln. Den Teig zwei Stunden ruhen lassen.

2 Für die Füllung zwei Eier, Quark (Topfen), Zimt, 100 g Zucker und die Dörrbirnen (Kletzen) verrühren und ebenfalls für 60 Minuten stehen lassen.

3 Verteilen Sie etwas Mehl auf der Arbeitsfläche und rollen Sie den Teig dünn darauf aus. Anschließend mit einem Ausstecher von 10 cm Durchmesser 30 Kreise ausstechen.

4 Die Füllung nun gleichmäßig auf den Teigplätzchen verteilen und mit dem Teig ummanteln. Die Enden verzwirbeln. Alle Nudeln dann mit Frischhaltefolie abgedeckt für 60 Minuten stehen lassen.

5 Salzwasser in einem großen Topf erhitzen und die Täschchen hineingeben, sobald das Wasser kocht. Die Hitze dann reduzieren und die Nudeln 15 Minuten kochen lassen. Sobald die Teigtaschen an die Wasseroberfläche kommen, können sie abgeschöpft werden.

6 Butter braun werden lassen, über den Nudeln verteilen und mit Zimt und Zucker bestreuen.

KÄRNTNER REIDLING

8 Port. | 2,5 Std. | Schwer

Zutaten

2 Eigelb
1 Ei
500 g Mehl
250 ml lauwarme Milch
65 g Butter für den Teig
30 g Hefe
130 g Zucker
Etwas flüssige Butter zum Bestreichen
80 g flüssige Butter für die Füllung
80 g Honig
120 g Rosinen
1 TL Zimt
1 EL Kakaopulver
60 g gehackte Walnüsse

Nährwerte p. P.

592 kcal
80 g Kohlenhydrate
23 g Fett
11 g Eiweiß

1 Mischen Sie die Hefe mit einer Prise Zucker, ein wenig lauwarmer Milch und ein bisschen Mehl zu einem Vorteig. Den Vorteig abdecken und 15 Minuten ruhen lassen.

2 70 g Zucker, Butter, Eigelb, Eier und übrige Milch über dem Wasserbad aufschlagen.

3 Das restliche Mehl mit dem Vorteig verkneten und die warme Eiermasse ebenfalls hineinkneten. Anschließend in eine Schüssel geben und ein feuchtes Küchentuch darüberlegen. 45 Minuten gehen lassen. Den Teig nochmals aufschlagen und zu einem Rechteck ausrollen.

4 Flüssige Butter darauf verteilen, Zimt und den restlichen Zucker darüberstreuen und Walnüsse und Rosinen ebenfalls verteilen. Den Honig darübertropfen lassen und das Kakaopulver mithilfe eines Siebs abschließend darauf streuen.

5 Den Teig an der breiten Seite aufrollen und an den Enden zusammendrücken. Einen Topf (Rein) mit Butter einfetten und die Teigrolle darin wie eine Schnecke platzieren.

6 Nochmals abdecken und gehen lassen. Es sollte die doppelte Größe erreichen.

7 Den Backofen auf Umluft und 160 °C vorheizen. Den Teig nochmals mit Butter bestreichen. Lassen Sie den Reindling 50 Minuten backen.

VEGANER SCHOKOLADEN-SCHMARRN

3 Port. | 20 Min. | Leicht

Zutaten

30 g Zucker
500 g Mehl
20 g Kakaopulver
1 TL Backpulver
1 EL Apfelessig
1 EL geschmolzene Margarine
320 ml Pflanzendrink
Prise Salz
2 EL brauner Zucker
2 EL Margarine (zum Ausbacken)
100 g vegane Schlagcreme
Puderzucker

Nährwerte p. P.

893 kcal
143 g Kohlenhydrate
24 g Fett
21 g Eiweiß

1 Zucker, Kakao, Backpulver, Mehl und Salz gut miteinander verrühren. Rühren Sie nun die flüssige Margarine, die Pflanzenmilch und den Essig unter.

2 In einer Pfanne einen Esslöffel Margarine zum Schmelzen bringen und den Teig hineingeben. Alles stocken lassen und mit einem Pfannenwender anschließend zerpflücken.

3 Zucker und den zweiten Esslöffel Margarine hinzugeben und weitere fünf Minuten backen.

4 Den Schoko-Schmarrn abkühlen lassen und mit Puderzucker garnieren. Die vegane Schlagcreme aufschlagen und zum Schmarrn servieren.

TOPFENGITTERTORTE

1 Blech | 1 Std. | Mittel

Zutaten

Boden
5 Eiweiß
250 g Zucker
100 g Öl
5 Eigelb
½ Pck. Backpulver
280 g Weizenmehl
150 g Wasser

Gitter
2 Eigelb
2 Eiweiß
500 g Quark
80 g Zucker

Nährwerte p. P.

5426 kcal
552 g Kohlenhydrate
198 g Fett
125 g Eiweiß

1 Den Backofen auf Umluft und 180 °C vorheizen.

2 5 Eigelb und 250 g Zucker aufschlagen. 100 g Öl und 150 g Wasser verrühren und nach und nach unter das Eigelb-Zucker-Gemisch geben.

3 Backpulver und Weizenmehl untermengen und gut verrühren. Schlagen Sie nun das Eiweiß steif und heben Sie den Eischnee unter den Teig und verteilen Sie den Teig auf ein Backblech.

4 Für das Gitter den Quark mit Zucker und zwei Eigelben vermengen. Das Eiweiß steif schlagen und auch hier unter die Masse heben.

5 Die Masse in einen Spritzbeutel füllen und ein Gitter auf den Teig auf dem Backblech spritzen. 35-40 Minuten backen.

MOOSBEEREN MIT FLENGGEN

4 Port. | 40 Min. | Mittel

Zutaten

140 g Mehl
300 g Moosbeeren (Heidelbeeren)
4 Eier
250 ml Milch
1 EL Heidelbeersirup
1 EL Zucker
Schale einer halben Zitrone
Salz
Butter

Nährwerte p. P.

269 kcal
36 g Kohlenhydrate
8 g Fett
10 g Eiweiß

1 Die Beeren mit dem Sirup marinieren. Salz, Mehl, Zitronenschale und Milch verrühren.

2 Trennen Sie die Eier und geben Sie das Eigelb in den Teig. Zucker und Eiweiß steif schlagen. Diesen Eischnee unter den Teig heben.

3 In einer Pfanne die Butter zum Schmelzen bringen und den Teig hineingießen. Die marinierten Heidelbeeren auf dem Teig verteilen.

4 Die Flenggen wenden und backen.

VEGANER APFELSTRUDEL

1 Port. | 1,5 Std. | Mittel

Zutaten

2 EL Öl
250 g Mehl
1 Tasse lauwarmes Wasser
Prise Salz
1 kg Äpfel
1 EL Kokosblütenzucker
100 g gemahlene Walnüsse
50 g Semmelbrösel
3 EL Rosinen
1 EL Zimt
Ein wenig Pflanzenmilch
Etwas Margarine

Nährwerte p. P.

2643 kcal
400 g Kohlenhydrate
80 g Fett
55 g Eiweiß

1 Das Mehl auf einer Arbeitsfläche anhäufen, das Salz darüber verteilen und in der Mitte des Mehls eine Kuhle bilden. Sachte 2 EL Öl dazu gießen und auch das Wasser nach und nach zum Mehl geben. Mit den Händen schnell die Mischung verarbeiten und verkneten. Zehn Minuten durchkneten und dann in Frischhaltefolie 30 Minuten ruhen lassen.

2 Die Äpfel erst in Viertel und dann in feine Scheiben schneiden.

3 Ein wenig Öl in der Pfanne erhitzen und die Semmelbrösel vorsichtig bräunen. Die Walnüsse und ein wenig Zucker unter stetigem Rühren dazugeben. Die Mischung dann auskühlen lassen.

4 Legen Sie ein großes Küchentuch auf eine Arbeitsfläche, bestreuen dieses mit Mehl und rollen Sie den Teig ganz dünn darauf aus. Es sollte ein Rechteck geben.

5 Die Nussmischung der Länge des Teiges nach verteilen. Die Äpfel auf der Nussmischung anordnen und mit Rosinen, Kokosblütenzucker und Zimt bestreuen.

6 Das Küchentuch nun dazu nutzen, den Teig rechts und links einzuklappen und dann eine Rolle formen.

7 Bestreichen Sie ein Backblech mit Öl und platzieren Sie den Strudel darauf. Den Strudel mit etwas Margarine bestreichen, nach Belieben auch noch etwas Pflanzendrink darüber gießen.

8 Den Strudel 35 Minuten auf 180 °C Ober-/Unterhitze backen.

Getränke

WIENER MELANGE

1 Port. 3 Min. Leicht

Zutaten

125 ml Milch
125 ml Espresso
1 TL Zucker
Milch-Schaum
Wasser

Nährwerte p. P.

104 kcal
10 g Kohlenhydrate
5 g Fett
4 g Eiweiß

1 Die Tasse vorwärmen. Den Espresso aufbrühen.

2 Erwärmen Sie die Milch. Die 125 ml Milch aufschäumen und über den Espresso gießen.

3 Zucker unterrühren und den Espresso bis zum Tassenrand mit Milchschaum aufgießen.

ALMDUDLER/ KRÄUTERLIMONADE

3 l. | 2 Std. 15 Min. | Leicht

Zutaten

10 Stängel Zitronenmelisse
10 Stängel Minze
10 Stängel Basilikum
1 l Apfelsaft
1 Zitrone
1 l Mineralwasser
5 Zweige Rosmarin
1 l Eiswürfel

Nährwerte p. P.

171 kcal
37 g Kohlenhydrate
1 g Fett
2 g Eiweiß

1 Die Blättchen von den Kräuterstängeln abzupfen. Einen großen Topf mit Apfelsaft, Zitronensaft und den Kräuterblättern auffüllen und einen Deckel auflegen. Einmal alles aufkochen lassen.

2 Die Temperatur abschalten und das Ganze 30 Minuten nachziehen lassen. Die Mischung abkühlen lassen, lauwarm reicht. Die Kräuter herausfischen.

3 Die Mischung in den Kühlschrank stellen. Es ist nun eine Art Konzentrat.

4 Beim Servieren ⅓ Konzentrat mit ⅓ kaltem Mineralwasser und ⅓ Eiswürfel servieren.

ALMDUDLER-COCKTAIL

6 Port. 5 Min. Leicht

Zutaten

120 ml Wodka (Citrus)
1 Zitrone
900 ml Almdudler
(Kräuterlimonade)

Nährwerte p. P.

168 kcal
15 g Kohlenhydrate
0 g Fett
0 g Eiweiß

1 Die gewaschene Zitrone in feine Scheiben schneiden. In sechs Gläser einen Eiswürfel und eine Zitronenscheibe geben.

2 Anschließend jedes Glas mit 150 ml Almdudler und 20 ml Wodka auffüllen.

STEIRER COLADA

1 Port. 5 Min. Leicht

Zutaten

2 cl Amaretto
4 cl Absolut Vanillia Wodka
3 cl Schlag
6 cl klarer Apfelsaft
Schuss Kürbiskernöl
Eiswürfel

Nährwerte p. P.

178 kcal
2 g Kohlenhydrate
15 g Fett
1 g Eiweiß

1 Einen Shaker mit Eiswürfeln auffüllen und alle Zutaten, außer dem Öl hinzugeben. Das Blechteil des Shakers aufsetzen und ordentlich schütteln.

2 Die Flüssigkeit nun über ein Sieb in ein Glas füllen. Die Eiswürfel bleiben im Sieb.

3 Vom Kürbiskernöl einen Schuss darauf verteilen.

KÜRBISPUNSCH MIT ZIRBENSCHNAPS

4 Port. 30 Min. Leicht

Zutaten

250 ml Orangensaft
100 g Hokkaido Kürbis
1 Vanilleschote
2 EL Honig
50 ml Tiroler Zirbenschnaps
250 ml Weißwein, trocken
1 Zimtstange

Nährwerte p. P.

151 kcal
17 g Kohlenhydrate
0 g Fett
1 g Eiweiß

1 Den gewaschenen Kürbis aufschneiden und die Kerne mithilfe eines Löffels herausschaben. Das Kürbisfleisch in feine Würfel schneiden.

2 Orangensaft und Kürbiswürfel in einem Topf für 10 Minuten kochen und im Anschluss pürieren.

3 Den Schnaps, Weißwein, die Vanilleschote, die Zimtstange und den Honig zum Püree geben, verrühren und nochmals erhitzen.

STEIRISCHER APFELPUNSCH

4 Port. 30 Min. Leicht

Zutaten

2 Zimtstangen
1 l Apfelsaft, naturtrüb
2 Sternanis
1 Zitrone
2 Orangen
10 Gewürznelken

Nährwerte p. P.

354kcal
74 g Kohlenhydrate
3 g Fett
4 g Eiweiß

1 Nutzen Sie einen Sparschäler, um die Schalen der Zitrusfrüchte abzureiben. Pressen Sie die Orangen aus. Erhitzen Sie den Orangensaft in einem Topf, achten Sie aber darauf, dass er nicht kocht.

2 Geben Sie die Schalen der Zitrusfrüchte in den Topf geben. Anschließend den Saft der Zitronen dazu pressen.

3 Den Apfelsaft hineingießen und die Nelken und den Anis hineinlegen. Die Zimtstangen ebenfalls dazugeben. Alles gut verrühren und erwärmen.

WIENER SCHOKOLADE

8 Port. 15 Min. Leicht

Zutaten

100 g Nougatschokolade
250 ml Sahne
250 g Zartbitterschokolade
1,5 l Milch
5 EL Cognac
150 g Puderzucker
1 Vanilleschote
50 g Schokoladenraspeln
½ TL Kakao

Nährwerte p. P.

539 kcal
54 g Kohlenhydrate
30 g Fett
9 g Eiweiß

1 Schlagen Sie die Sahne steif und hacken Sie sowohl die Nougat- als auch die Zartbitterschokolade ganz fein. Die Milch erwärmen, allerdings nicht aufkochen lassen.

2 Die Milch vom Herd herunternehmen und den Puderzucker, das Vanillemark, die geriebene Schokolade und den Cognac unterrühren. Rühren Sie so lange, bis sich die Schokolade vollständig aufgelöst hat.

3 Die heiße Schokolade auf 6-8 Tassen verteilen und die Sahne darauf spritzen. Den Kakao darüberstreuen und mit den Schokoladenraspeln garnieren.

JAGERTEE

1 Port. | 18 Min. | Leicht

Zutaten

12 TL schwarzer Tee
1 l Wasser
4 Nelken
2 Zimtstangen
30 g brauner Zucker
120 ml Tiroler Obstler
120 ml Inländer-Rum

Nährwerte p. P.

811 kcal
32 g Kohlenhydrate
0 g Fett
0 g Eiweiß

1 Das Wasser zum Kochen bringen. Den Schwarztee ansetzen. Die angegebene Zeit dabei genau einhalten.

2 Seihen Sie den Tee ab und geben die Nelken, die Zimtstangen und den Zucker in den Topf mit dem Tee. Erneut aufkochen lassen und dann die Temperatur herunterdrehen. Fünf Minuten köcheln lassen.

3 Den Herd komplett ausschalten. Alle Gewürze herausfischen und den Rum und den Obstler hineinschütten. Nach Bedarf mit Zucker süßen.

RÜSCHERL

1 Port. 3 Min. Leicht

Zutaten

10 cl Cola
2 cl Rum
1 Spritzer Zitronensaft

Nährwerte p. P.

9 kcal
1 g Kohlenhydrate
0 g Fett
0 g Eiweiß

1 Ein Cognacglas mit Rum füllen.

2 Die Cola dazu gießen und mit Zitronensaft verfeinern.

TIROLER

2 Port. 5 Min. Leicht

Zutaten

50 ml Soda
50 ml kalten Weißwein
50 ml Almdudler

Nährwerte p. P.

35 kcal
1 g Kohlenhydrate
0 g Fett
0 g Eiweiß

1 Den kalten Wein in ein Weinglas schenken und mit Soda und Almdudler aufgießen.

Soßen, Cremes & Dips

SPECK UND RIPPLI AUFSTRICH

10 Port. 30 Min. Leicht

Zutaten

50 g Schweinefett
100 g geräucherte Rippchen
1 Knoblauchzehe
½ Zwiebel
100 g roher Speck
½ TL Kümmel
Pfeffer, Salz und Majoran

Nährwerte p. P.

100 kcal
1 g Kohlenhydrate
9 g Fett
5 g Eiweiß

1 Das Rippchen in einen Beutel legen und in einer Pfanne mit Wasser bedecken. 15 Minuten köcheln lassen. Anschließend gut auskühlen lassen.

2 Speck und Rippchen fein würfeln und in einem Mixer fein pürie-ren.

3 Den Knoblauch und die Zwiebel schälen und fein hacken. Mit dem Fett und der pürierten Masse gut verrühren.

4 Mit Majoran, Kümmel, Salz und Pfeffer würzen.

LIPTAUER AUFSTRICH

4 Port. | 10 Min. | Leicht

Zutaten

100 g Butter
1 EL Senf
250 g Quark
1 EL Paprikapulver
1 EL Sauerrahm
1 TL Kümmel
Salz
½ Bund Schnittlauch

Nährwerte p. P.

259 kcal
3 g Kohlenhydrate
23 g Fett
7 g Eiweiß

1 Die Butter in einem Topf erhitzen und schaumig rühren. Anschließend den Quark dazugeben und vermischen.

2 Bei Bedarf (wenn der Aufstrich nicht streichfähig ist), den Sauerrahm untermengen.

3 Mit Salz, Paprikapulver, Senf und Kümmel abschmecken.

4 Den Schnittlauch in feine Röllchen schneiden und den Aufstrich damit garnieren.

HEURIGEN AUFSTRICH

6 Port. | 20 Min. | Leicht

Zutaten

2 hart gekochte Eier
1 gelbe Paprika
2 Essiggurken
½ EL gehackte Petersilie
10 Stk. Sardellenringe
250 g Quark
2 EL Senf
Salz und Pfeffer

Nährwerte p. P.

91 kcal
3 g Kohlenhydrate
4 g Fett
8 g Eiweiß

1 Paprika, Eier und Essiggurken fein würfeln.

2 Quark und Senf verrühren. Die geschnittenen Zutaten untermengen. Ebenfalls die Sardellen dazugeben.

3 Mit Pfeffer und Salz würzen und mit Petersilie garnieren.

KARTOFFEL-DIP

1 Port. 45 Min. Leicht

Zutaten

250 g saure Sahne
20 g Butter
40 ml Milch
1 Bund Schnittlauch
300 g mehlige Kartoffeln
1 Knoblauchzehe
1 ½ Zwiebeln
650 ml Salzwasser zum Kochen
Muskat, Pfeffer und Salz

Nährwerte p. P.

745 kcal
67 g Kohlenhydrate
43 g Fett
167 g Eiweiß

1 Salzwasser zum Kochen bringen und die Kartoffeln darin 30 Minuten garen.

2 Den geschälten Knoblauch und die geschälten Zwiebeln fein hacken. Butter in einer Pfanne erhitzen und Knoblauch und Zwiebeln darin dünsten. Beides danach in eine Schüssel geben.

3 Die gepellten Kartoffeln fein schneiden. Sahne, Muskat, Pfeffer, Salz und Milch zu den Kartoffeln geben und zerstampfen.

4 Den Brei zu den Zwiebeln geben und vermengen.

5 Den Schnittlauch in feine Röllchen schneiden und den Dip damit garnieren.

KARTOFFELKAS

4 Port. 45 Min. Leicht

Zutaten

150 g Frischkäse
500 g Kartoffeln
4 EL Röstzwiebeln
150 g Sauerrahm
8 Prisen Pfeffer
½ TL Salz
2–4 EL Schnittlauchröllchen
1 Knoblauchzehe
8 Prisen Kümmel
4 Prisen Muskat
Wasser zum Kochen
Öl zum Frittieren

Nährwerte p. P.

329 kcal
33 g Kohlenhydrate
16 g Fett
9 g Eiweiß

1 Schälen Sie die Kartoffeln und legen Sie drei Kartoffeln auf die Seite.

2 Die übrigen Kartoffeln würfeln, in Salzwasser geben und garen. In einem Sieb abseihen und wieder in den Topf geben. Erneut auf die heiße Platte stellen und ausdampfen lassen.

3 Mithilfe eines Kartoffelstampfers die Kartoffeln zermatschen. Anschließend gut abkühlen lassen.

4 Die Kartoffeln, die auf die Seite gelegt wurden, in Würfel schneiden. Zwei Minuten in heißem Öl in einem Topf frittieren. Kurz herausnehmen, auskühlen lassen und anschließend erneut vier Minuten knusprig braten.

5 Den Knoblauch fein hacken und mit etwas Öl dünsten. Den Schnittlauch fein hacken.

6 Alle Zutaten miteinander verrühren und mit den frittierten Kartoffelwürfeln garnieren.

EIERKREN

5 Port. 15 Min. Leicht

Zutaten

50 g Meerrettich (Kren)
4 hart gekochte Eier
1 EL Öl
250 g Sauerrahm
½ TL Salz
1 ½ EL Essig
1 EL Senf

Nährwerte p. P.

146 kcal
3 g Kohlenhydrate
12 g Fett
5 g Eiweiß

1 Die Eier fein würfeln.

2 Essig, Öl, Kren, Senf und Salz verrühren. Portionsweise den Sauerrahm unterheben. Die Eier zur Mischung geben.

3 Abschließend noch einmal abschmecken.

ROHNENAUFSTRICH

4 Port. | 10 Min. | Leicht

Zutaten

2 gekochte Rohnen (Rote Bete)
100 g Naturjoghurt
1 TL Waldhonig
20 g weiche Butter
1 EL Kren (Meerrettich)
Saft einer ½ Zitrone
Salz

Nährwerte p. P.

81 kcal
7 g Kohlenhydrate
4 g Fett
1 g Eiweiß

1 Die weiche Butter schaumig schlagen. Die Rote Bete in Würfel schneiden, zur Butter geben und mit einem Pürierstab pürieren.

2 Honig, Meerrettich, Zitronensaft und Joghurt unterrühren. Mit Salz würzen und im Kühlschrank kühlen.

KRÄUTERAUFSTRICH

4 Port. 10 Min. Leicht

Zutaten

3 EL Naturjoghurt
250 g Sauerrahm
2 Bund Kräuter nach Wahl
Pfeffer und Salz
1 Knoblauchzehe

Nährwerte p. P.

167 kcal
7 g Kohlenhydrate
13 g Fett
5 g Eiweiß

1 Den Knoblauch fein hacken, die Kräuter waschen und ebenfalls fein hacken.

2 Die übrigen Zutaten dazugeben und alles gut verrühren.

3 Pfeffern, salzen und anschließend in den Kühlschrank stellen.

KOHLRABISOßE

4 Port. 45 Min. Leicht

Zutaten

2 EL Mehl
1 kg Kohlrabi (mit Blättern)
125 ml Schlagsahne
2 EL Öl
100 g Zwiebeln
250 ml Gemüsesuppe
Zitronensaft
Pfeffer und Salz
Dillspitzen

Nährwerte p. P.

486 kcal
30 g Kohlenhydrate
32 g Fett
12 g Eiweiß

1 Die Blätter des Kohlrabi auf die Seite legen, den Kohlrabi schälen und anschließend in Streifen schneiden.

2 Die geschälte Zwiebel fein würfeln. Öl in einer Pfanne erhitzen und die Zwiebeln darin dünsten. Mehl untermengen und anrösten.

3 Mit der Gemüsesuppe ablöschen und die Dillspitzen unterrühren.

4 Die Kohlrabi hineingeben und 15-30 Minuten weich garen. Hin und wieder umrühren.

5 Kurz bevor die Kohlrabi weich sind, die Sahne unterheben und würzen. Einen Spritzer Zitronensaft dazugeben.

6 Die Kohlrabiblätter waschen, in feine Streifen schneiden und abschließend die Soße damit garnieren.